Meisterklasse Streetfotografie

Meisterklasse Streetfotografie

Craig Whitehead

PRESTEL
MÜNCHEN • LONDON • NEW YORK

Inhalt

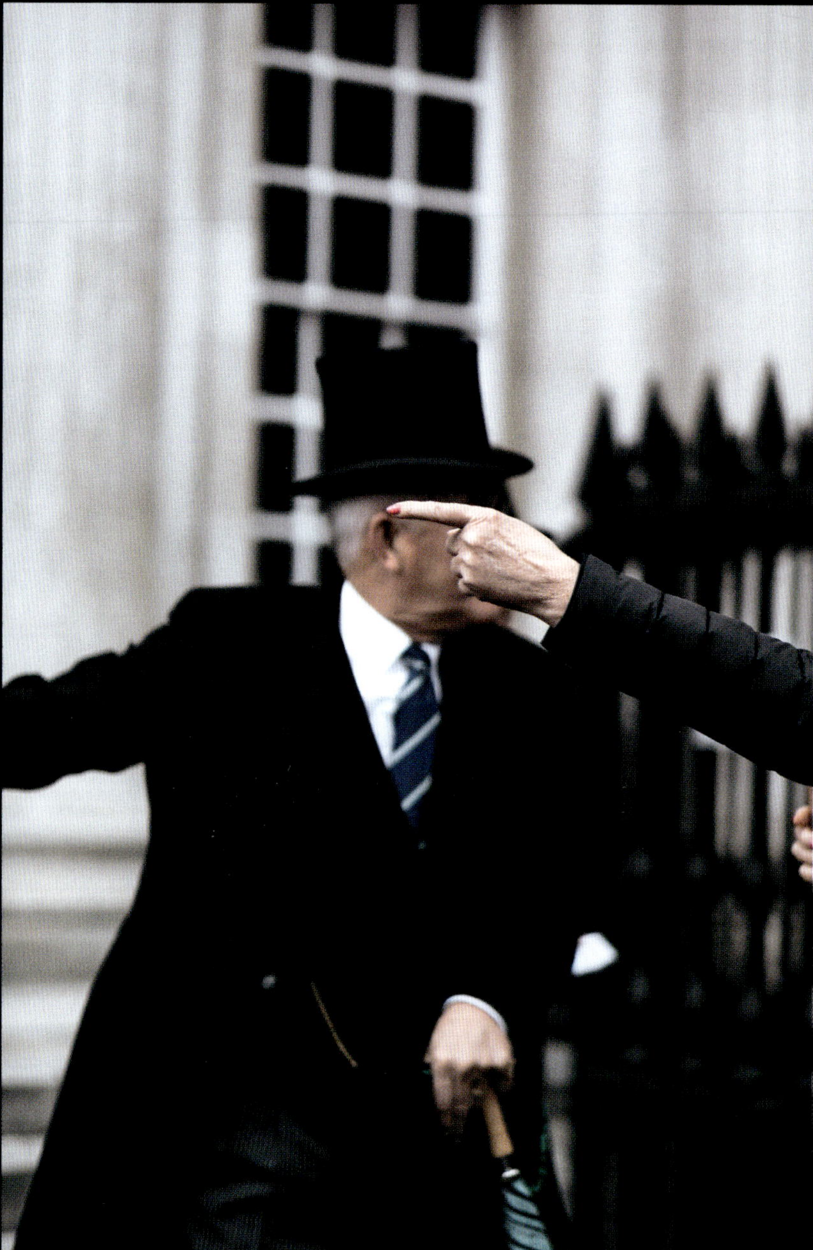

Vorwort

Von Kai Wong

Welch grandiose Ehre, ein Vorwort zum Buch meines Freundes und Fotografenkollegen Craig Whitehead schreiben zu dürfen! Wir kennen uns seit Jahren, gemeinsam haben wir schon etliche unglaubliche Straßenfotos gemacht, nicht selten unter Einsatz von Leib und Leben – kaum zu fassen, welchen Schaden eine Ladung Rosenkohlgeschosse anrichten kann! Craig ist ein großartiger Kumpel und – wie man zweifellos sehen kann – ein noch besserer Fotograf. Betrachtet man seine Bilder, erkennt man seinen einzigartigen Stil, was im Zeitalter der sozialen Medien eine gewisse Seltenheit geworden ist. Das Streben nach Erfolg – durch Interaktionen, Likes, Follower – geht oft auf Kosten der Originalität.

Craig sieht die Welt auf seine Weise. Er nimmt vertraute Elemente und komponiert sie erfrischend neu, ein wahrer Augenschmaus! Sein Schaffen bewegt sich zwischen konventioneller Streetfotografie, abstrakter Kunst, Surrealismus und »ich weiß nicht, wie ich es betiteln soll, aber es ist wirklich gut«. Er ist ein begnadeter Fotograf, hat Technik-Know-how, eine künstlerische Ader für den Bildausschnitt und kombiniert Linien und Formen auf geometrisch ansprechende Weise. Craig fokussiert kleine Details und macht dem Betrachter Lust auf mehr. Seine Bilder haben Tiefe; sie sind mehr als nur ästhetische, perfekt komponierte Bilder: Man sieht nicht nur das Bild, sondern gewinnt auch einen Einblick in seine Gedankenwelt.

So eine Kunst entsteht nicht einfach auf Knopfdruck, Craig beherrscht sein Handwerk. Als ich ihn zum ersten Mal traf, war er dabei zu fotografieren – das war der Anfang von vielen besonderen Treffen, die er der Fotokunst widmete. Streetfotografie war schon immer unser bevorzugtes Thema. Obwohl ich nicht sagen kann, was seine Lieblingsfarbe ist oder welchen *Ghostbusters*-Film er am liebsten mag, weiß ich mit Sicherheit, dass er erstaunliche Bilder macht, begeistert und aufschlussreich über seine Herangehensweise spricht und dadurch Fotografen eines jeden Niveaus inspiriert, ihre eigene Arbeit auf eine neue Stufe zu heben.

Wer ihm nicht begegnen und seine Kunst live bewundern kann, hat das Glück, dieses wunderbare Buch mit all seinen großartigen Fotos und inspirierenden Gedanken zur Streetfotografie in den Händen zu halten. Es ist eine tolle Chance, interessierte Augen zu verwöhnen und den kreativen Geist zu inspirieren.

Viel Spaß dabei!

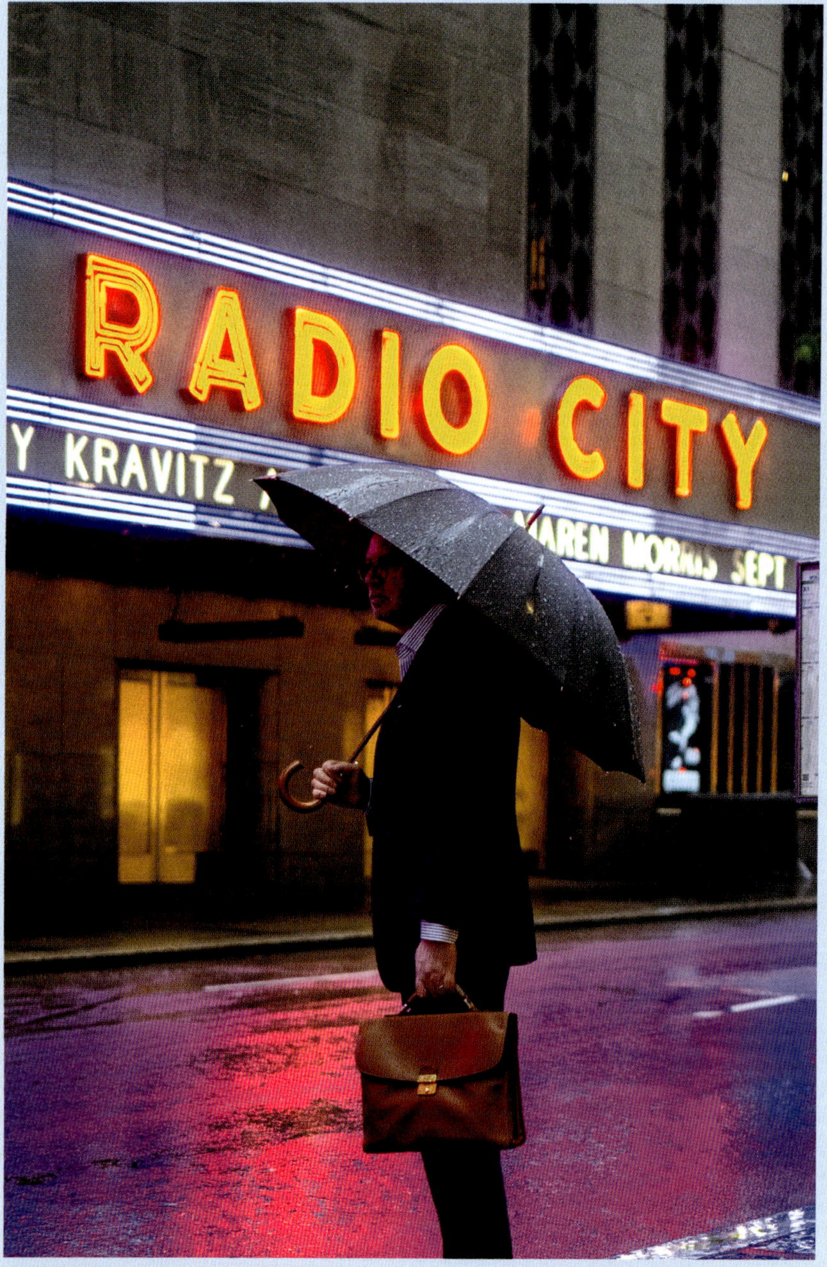

Die Straße ist immer nur der Ausgangspunkt. Du entscheidest, was du daraus machst.
New York, 2019

1/

Bahn dir deinen Weg

Schau hinter die Fassaden – Streetfotografie ist das, was du daraus machst!

Was wäre deine Antwort, wenn dich jemand fragen würde, was Streetfotografie eigentlich ist? Die naheliegendste Reaktion wäre wohl, dass es sich um eine Art der Fotografie handelt, die auf der Straße stattfindet. Obwohl das schon mal ein Anfang ist, könnte man auch Szenen in Parks oder Cafés, in der Londoner U-Bahn oder aus einem Busfenster fotografieren – und ich glaube, auch die zählen zur Streetfotografie! In Büchern wie diesem (oder auch in Online-Artikeln) finden sich alle möglichen Anleitungen oder Regeln für Streetfotografen. Die Wahrheit ist ganz simpel: Jeder, der als Streetfotograf gelten möchte, muss einfach nur ungestellte Fotos in der Öffentlichkeit machen!

Ein Bild gilt als ungestellt, wenn es eine authentische und nicht inszenierte Situation zeigt. Obwohl man den abgebildeten Personen nicht sagen kann, wie sie dastehen sollen, und auch nichts arrangieren sollte, kann man das Motiv auf andere, subtilere Weise

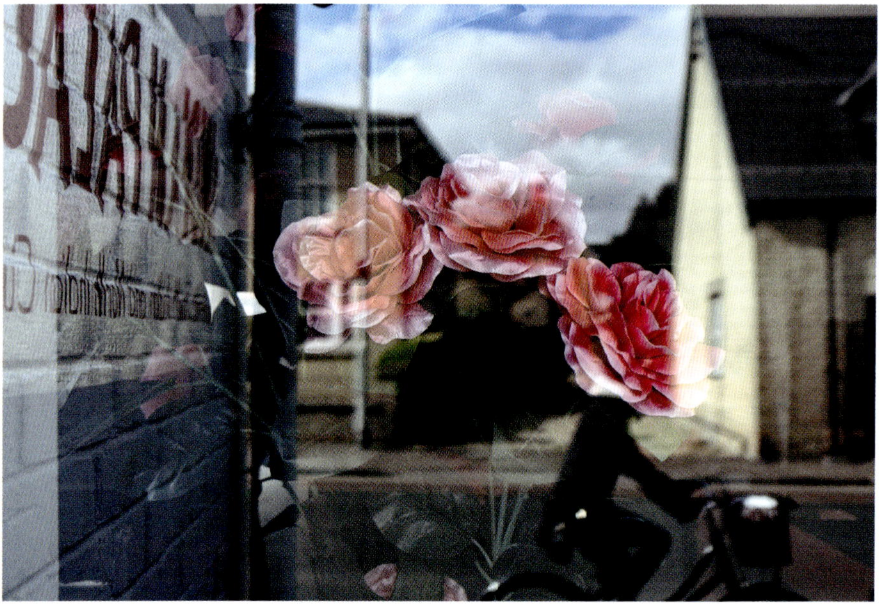

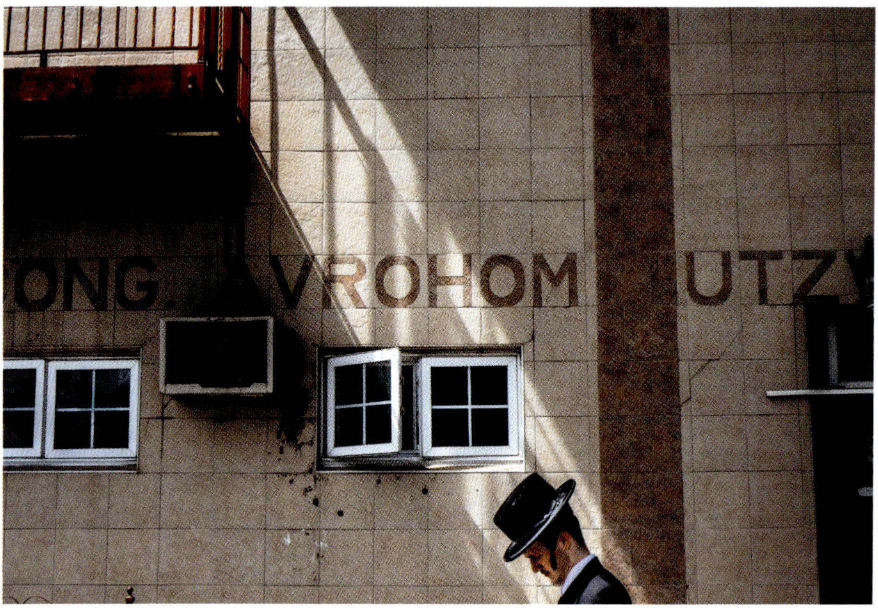

Meine Bilder unterscheiden sich von klassischen, schnell entstandenen Streetfotografien.
OBEN Cambridge, 2020
UNTEN New York, 2018

gestalten. Meine Bewegungen und Handlungen haben Auswirkungen auf meine Aufnahmen: Wenn ich möchte, dass eine Person in die Kamera schaut, kann ich zum Beispiel einen Schritt auf sie zugehen oder demonstrativ die Kamera heben. Natürlich verbinden wir mit der Streetfotografie bestimmte Traditionen. Die Generation der Nachkriegsfotografen leistete Pionierarbeit in diesem Genre; ihre Schwarzweißbilder mit einem 35-mm-Objektiv prägen unsere heutige Vorstellung von Streetfotografie: dynamische Bilder flüchtiger Momente mit schnelllebiger, menschlicher Interaktion. Heute wird die Streetfotografie sehr stark von den sozialen Medien beeinflusst, was kritisch betrachtet werden muss; die Folgen wirken wie ein Kreislauf oder eine Resonanzschleife: Ein jeder wird durch dieselben Dinge inspiriert. Es ist ein weit verbreiteter Irrtum, dass Streetfotografie nur Menschen abbildet. Viele wichtige Wegbereiter dieses Genres haben sich womöglich verstärkt auf Menschen konzentriert, jedoch fotografierten einige der ganz Großen bestimmte Dinge auf der Straße, die ihnen besonders ins Auge fielen, wie z. B. eine Tasse in einem bestimmten Rotton. Sie dokumentierten ihre spontanen Eindrücke – mit was auch immer ihre Aufmerksamkeit erweckte. Leider sind solche Motive in den sozialen Medien nicht mehr so beliebt, was dazu führt, dass sich zeitgenössische Fotografen auf andere Themen konzentrieren.

»Ein Bild gilt als ungestellt, wenn es eine Situation so zeigt, wie sie sich abspielte: authentisch und nicht inszeniert.«

Ich spürte einst das starke Bedürfnis, Streetfotograf zu werden, und als ich begann, die Sache in Angriff zu nehmen, suchte ich mir Zeitfenster vor Schichtbeginn oder in meinen Pausen, um produktiv zu werden. Dann lief ich hinaus und zog durch die umliegenden Straßen. Mein Blick gewöhnte sich schnell an die Umgebung, die mein kreativer Raum wurde. Ich fand interessante Orte und bekam ein Gespür für deren besondere Rhythmen, wie z. B. für die Lichtverhältnisse zu verschiedenen Zeiten des Tages. Allmählich entwickelte ich ein Gespür und konnte Schritt halten mit der Stadt. Diese Wahrnehmung kann ich jetzt gar nicht mehr abschalten, sie hat sich verwurzelt. Als Streetfotograf Erfahrungen zu sammeln, erinnerte mich tatsächlich an meine 17 Jahre auf Inlinern: Ich hatte die Stadt »lesen« gelernt. Tatsächlich hatte ich meine erste Kamera bekommen, um zu dokumentieren, was meine

Freunde und ich machten, wenn wir auf unseren Inlinern unterwegs waren. Ich denke nicht, dass es ein Zufall ist, dass viele meiner Kollegen, z.B. Matt Stuart, früher Skater waren.

Anfangs fotografierte ich so, wie ich es für richtig hielt, und zwar im Stil von Bruce Gilden; er war der erste Streetfotograf, auf dessen Arbeiten ich stieß. Anfangs hielt ich meine Kamera direkt auf Gesichter, nur wenige Zentimeter vom Geschehen entfernt. Ich verwendete ein Weitwinkelobjektiv und versuchte mit meiner Linse zufällige Begegnungen zwischen Stadtbewohnern einzufangen. Später änderte ich meinen Ansatz. Ich entdeckte eine Schule von Streetfotografen, die die Welt so sahen wie ich – Legenden wie Saul Leiter und Ernst Haas, die Farbe, Licht und Form nutzten, um das zu abstrahieren, was ihnen zufällig auf der Straße begegnete. Ich machte mich nicht mehr auf die Suche nach Gesichtern, sondern verwendete längere Objektive und wählte andere Motive. Ich fotografierte im Bereich 85 bis 135 mm und hielt auf Details, so lange, bis ich das Gefühl hatte, ich sollte mich mal wieder den weiteren Winkeln zuwenden. Ich mag es, in Bewegung zu bleiben!

Erst vor etwa drei Jahren begann ich, meine ursprüngliche Arbeit als Illustrator mit meiner Art der Streetfotografie zu verknüpfen. Aus diesem Grund schätze ich die Bilder malerisch arbeitender Kollegen, die von denselben Dingen inspiriert werden wie ich: Licht, Textur, Überlagerung und Farbe. Jeder, der mich und meine Arbeit kennt, weiß, wie sehr ich Farben liebe, aber eine interessante Komposition ist entscheidend für die Wirkung des Bildes. Obwohl ich meine Bilder nicht viel bearbeite, habe ich kein Problem damit, sie auf einen Bildausschnitt zu reduzieren. Abgesehen von der Wichtigkeit der Authentizität der Bilder sollte jede Fotografin und jeder Fotograf zu einer eigenen Arbeitsweise finden, um einen einzigartigen, individuellen Stil entwickeln zu können.

»Entwickle deine eigene Arbeitsweise und finde so zu einem einzigartigen, individuellen Stil.«

Nicht vergessen: Wer ein großartiger Streetfotograf sein will, darf sich durch das Genre nicht einschränken oder erdrücken lassen. Ich wehre mich gegen Schubladendenken, bleibe lieber kreativ und schaue, wohin mich meine Perspektive führt. Mit diesem Buch kannst du mich ein Stück dieses Weges begleiten.

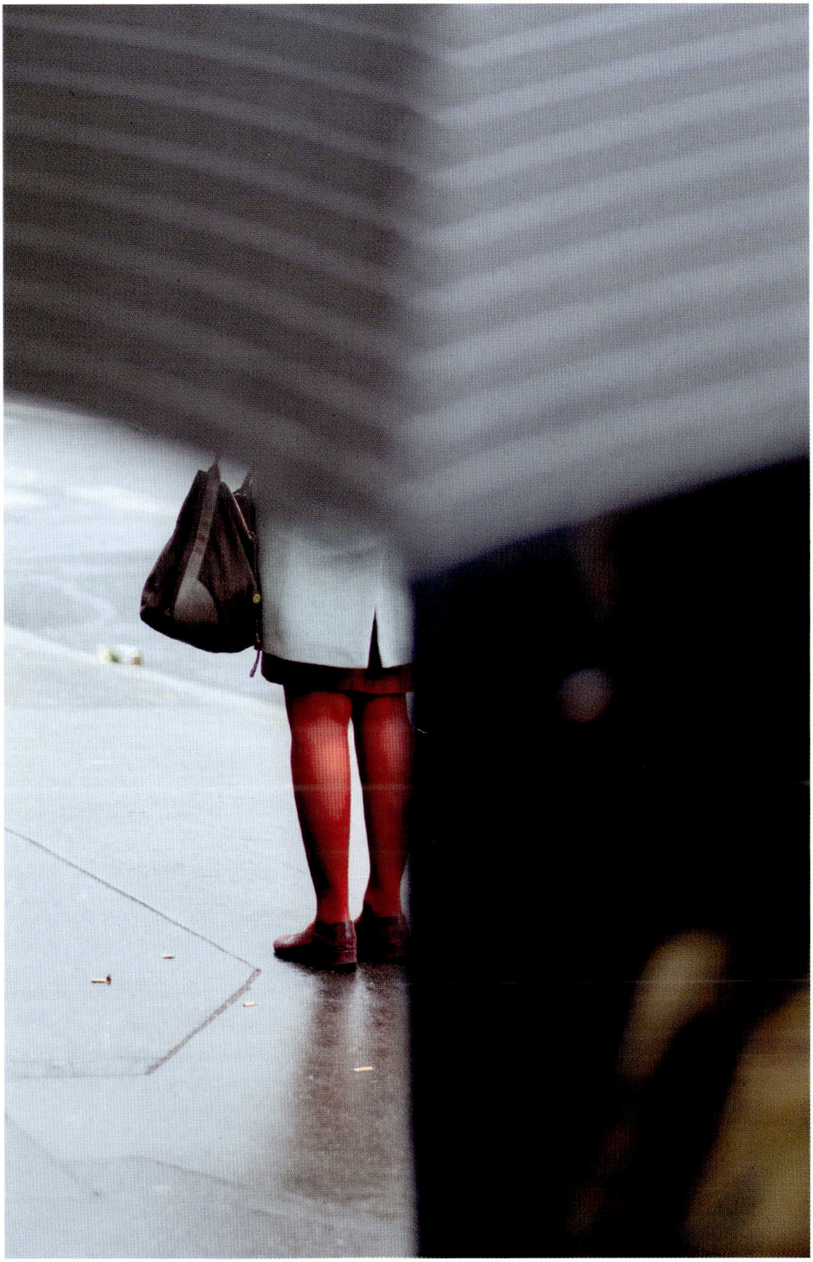

Ich kombiniere lieber kräftige Farben und markante Formen, statt nach Zufallsmomenten zu suchen.
Paris, 2018

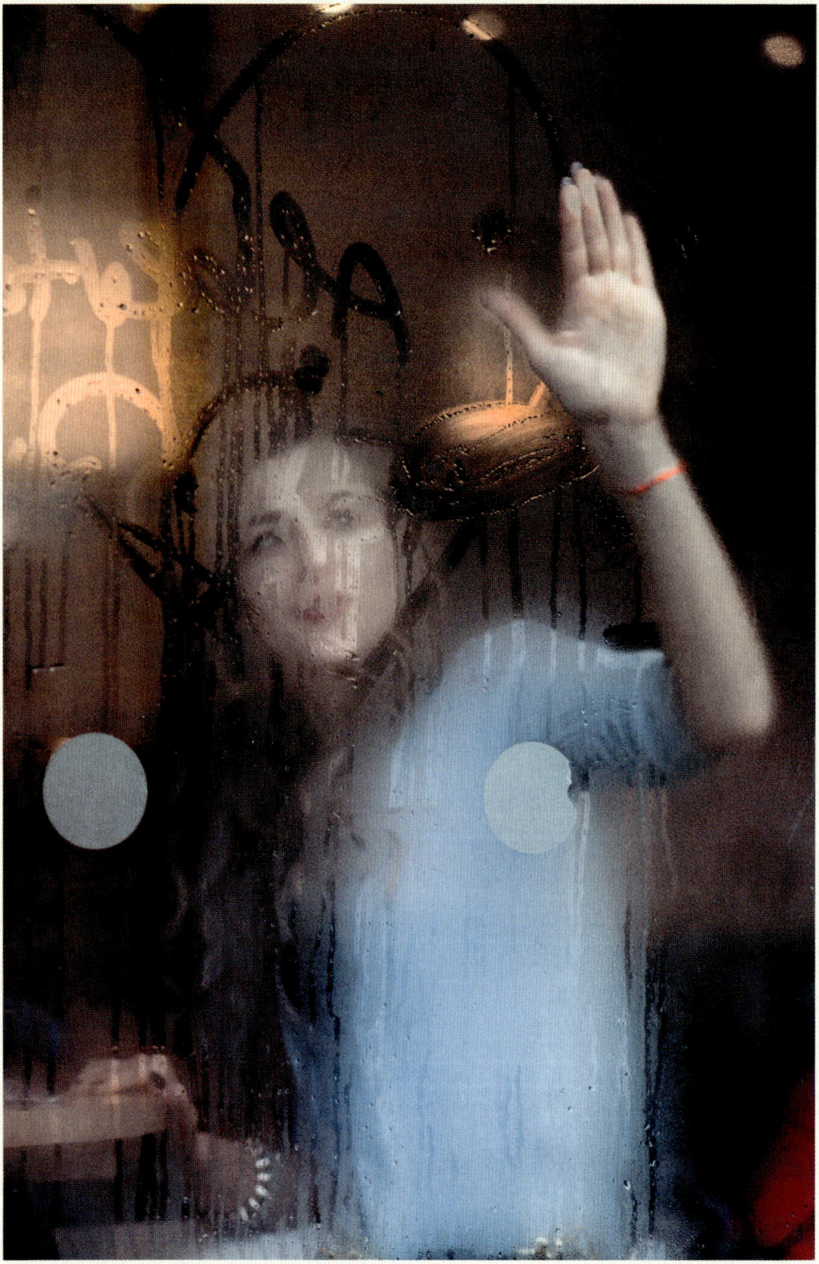

Wer einen Blick dafür entwickelt, findet Motive wie dieses.
London, 2018

2/

Finde deinen Stil

Teste verschiedene Stile der Streetfotografie und wähle den für dich passenden

Wie viele Anfänger hatte auch ich zunächst eine feste Vorstellung davon, worum es bei der Streetfotografie gehen müsse. Ich kannte lediglich die dreisten Gesichtsnahaufnahmen von New Yorkern wie Bruce Gilden und hatte nur eine Grundausstattung – eine Fuji-Kamera und ein 12-mm-Objektiv von Samyang Optics –, was meine damalige Arbeitsweise nachhaltig prägte. Für Aufnahmen mit Weitwinkelobjektiv musste ich lernen, mich Menschen bis auf 50 cm zu nähern – eine wichtige Fähigkeit, die ich immer noch für nützlich halte.

Bei eingehenderer Beschäftigung mit dem Medium begriff ich, dass es hauptsächlich zwei Arten von Streetfotografen gibt: die »Jäger« und die »Fischer«. Streetfotografen, die aus nächster Nähe und in schnellem Tempo fotografieren, sind die Jäger: Sie stürmen die Bürgersteige auf der Suche nach Menschen, die so merkwürdige Dinge tun, dass es sich lohnt, diesen Eindruck festzuhalten. Ein

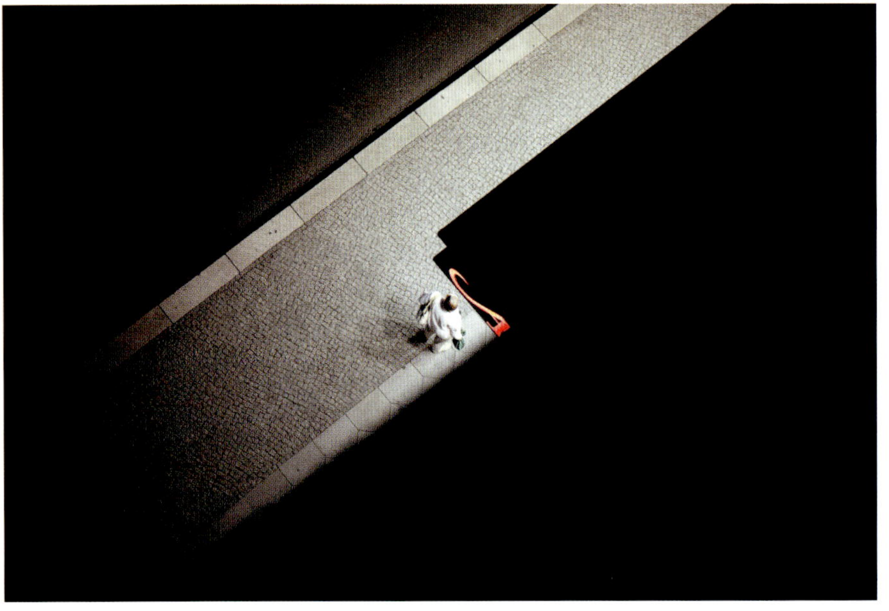

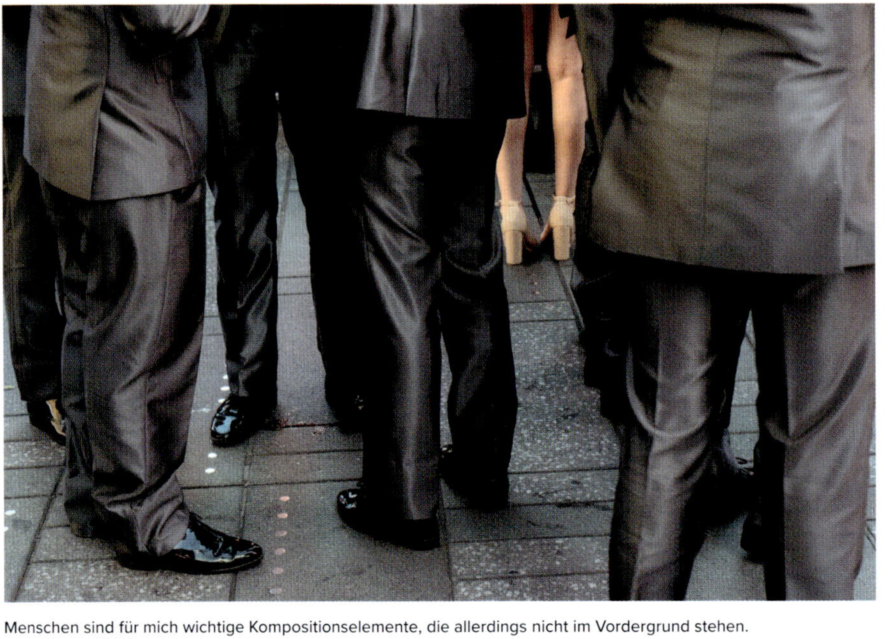

Menschen sind für mich wichtige Kompositionselemente, die allerdings nicht im Vordergrund stehen.
OBEN Berlin, 2018
UNTEN New York, 2018

Beispiel dafür ist der von Menschen besessene Gilden, oder auch Joel Meyerowitz auf seiner Jagd nach flüchtigen Momenten. Gilden sucht keine abstrakten Motive; er konzentriert sich auf Menschen und komponiert dann um sie herum. Meine Herangehensweise ist eine andere: Ich bin eher ein Fischer, ich arbeite langsamer und warte darauf, dass die richtige Komposition anbeißt. Menschen sind für mich eine Nebensache, das zuletzt hinzukommende Element in meinem Bildausschnitt und nicht der Ausgangspunkt. Obwohl ich seine Ursprünge nicht kenne, ist dieser Schwerpunkt meiner Arbeit tief in mir verwurzelt.

»Je mehr du dich umschaust, desto schneller findest du einen Stil, der dir entspricht.«

Wenn Menschen sich unterhalten, schaue ich nicht in ihre Gesichter, sondern habe all das im Blick, was um sie herum passiert. Das mag für andere irritierend sein, doch ich habe mein ganzes Leben lang kaum Blickkontakte hergestellt und mir geht es gut damit. Für mich sind andere Dinge bedeutsamer, wie zum Beispiel, was Menschen mit ihren Händen tun und warum oder welche Schuhe sie tragen. Ich weiß aber, dass Gesichter den Betrachter in das Bild »hineinziehen«, und spiele gerne mit dieser Wirkung. In der Werbung setze ich Gesichter so ein, dass sie den Blick des Betrachters durch die Aufnahme führen. Allerdings ist das, was meine Aufmerksamkeit auf der Straße erregt, vermutlich nicht dasselbe wie bei den meisten Menschen.

Mach dich mit der Geschichte der Streetfotografie vertraut und finde heraus, wo deine eigenen Interessen liegen. Besuche Museen und erforsche, wie Künstler früher mit Licht und Schatten gearbeitet haben, schau dir in Galerien an, was zeitgenössische Fotografen machen, lies Fotobücher und durchstöbere Websites. Der russische Fotograf Georgij Pinchasov inspiriert mit unglaublich kontrastreichen, gesättigten Bildern großartiger Schattenrisse, die allerdings fast ausschließlich nur auf Pinterest zu sehen sind.

Um die den Bildern zugrunde liegende Arbeitsweise eines Fotografen zu verstehen, schaut man ihm am besten zu. Bei YouTube und anderen Plattformen gibt es jahrzehntealtes Filmmaterial, das bereichert und inspiriert: Es zeigt legendäre Streetfotografen bei der Ausübung ihres Handwerks – absolut unerlässlich für Einsteiger. Vielleicht siehst du dir ein paar Videos an und denkst: »Wow, das gefällt mir«, oder du spürst, dass das nichts für dich ist, und schaust in andere Richtungen. Je mehr du dich umschaust, desto schneller findest du einen Stil, der dir entspricht. Der amerikanische Fotograf und Filmemacher Ted Forbes inspirierte mich mit seinem hervorragenden YouTube-Kanal *(The Art of Photography)* und führte mich zu einer malerischen Art der Streetfotografie.

Ich stolperte über Namen wie Saul Leiter und Ernst Haas, machte mich auf die Suche nach allem, was ich über sie finden konnte, und studierte ihre Werke. Auch der Dokumentarfilm von Thomas Leach: *In No Great Hurry: 13 Lessons with Saul Leiter* inspirierte mich. Er erschien 2013, in dem Jahr, als Leiter starb. Es gibt einige Videos von Fotografen, die über Leiters inspirierende Arbeit sprechen, doch leider gibt es nicht sehr viel Material, das diese Fotografen beim Fotografieren und Beschreiben ihrer Herangehensweisen zeigt. Es ist bereichernd, dass sich Jäger dafür anbietet, da es auch viele Künstler gibt, die eher introvertiert arbeiten. Meine Bewunderung gilt Jack Davison, der eigentlich kein Streetfotograf ist. Leider habe ich nur ein Interview mit ihm gefunden, in dem er über seine Arbeit spricht.

»Ich mag es, wenn mich Bilder irritieren – darin liegt ein wahrer Zauber.«

Leiter und Haas gehören zum selben »Lager«: Eigentlich sind sie Maler, die eine Kamera benutzen. Leiter wollte immer Maler werden und verstand es sogar gegen Ende seiner Laufbahn noch nicht, dass sich die Leute für seine Fotos interessierten, obwohl er ein renommierter (und vermutlich schrecklich bescheidener) Künstler war. Es fesselt mich, dass Leiter und Haas die Dinge auf eine besondere Weise zeigen. Als Betrachter bekommt man eine aufregend neue Perspektive. Ich mag es, wenn mich Bilder irritieren – darin liegt ein wahrer Zauber. Ich möchte fasziniert sein von dem, was gezeigt wird; ich möchte neugierig werden und wissen, wie das Bild gemacht wurde.

Street-, Landschaftsfotografie, Mode – alle Genres sind vernetzt und inspirieren sich gegenseitig. Lass dich von vielen unterschiedlichen Einflüssen bereichern, um deine individuelle Handschrift zu finden. Ein gutes Beispiel dafür sind William Klein und Saul Leiter, die für das Modemagazin *Harper's Bazaar* arbeiteten. Besieht man sich das Archiv der Zeitschrift, ist es unklar, ob ihre Arbeiten inszeniert wurden. Letztlich ist das egal – es sind einfach schöne Bilder. Obwohl nicht immer klar ist, wodurch die eigene Arbeit inspiriert wird, muss man bestimmte Momente manchmal festhalten. Kreative Entscheidungen sind oft intuitiv und finden im Unterbewussten statt.

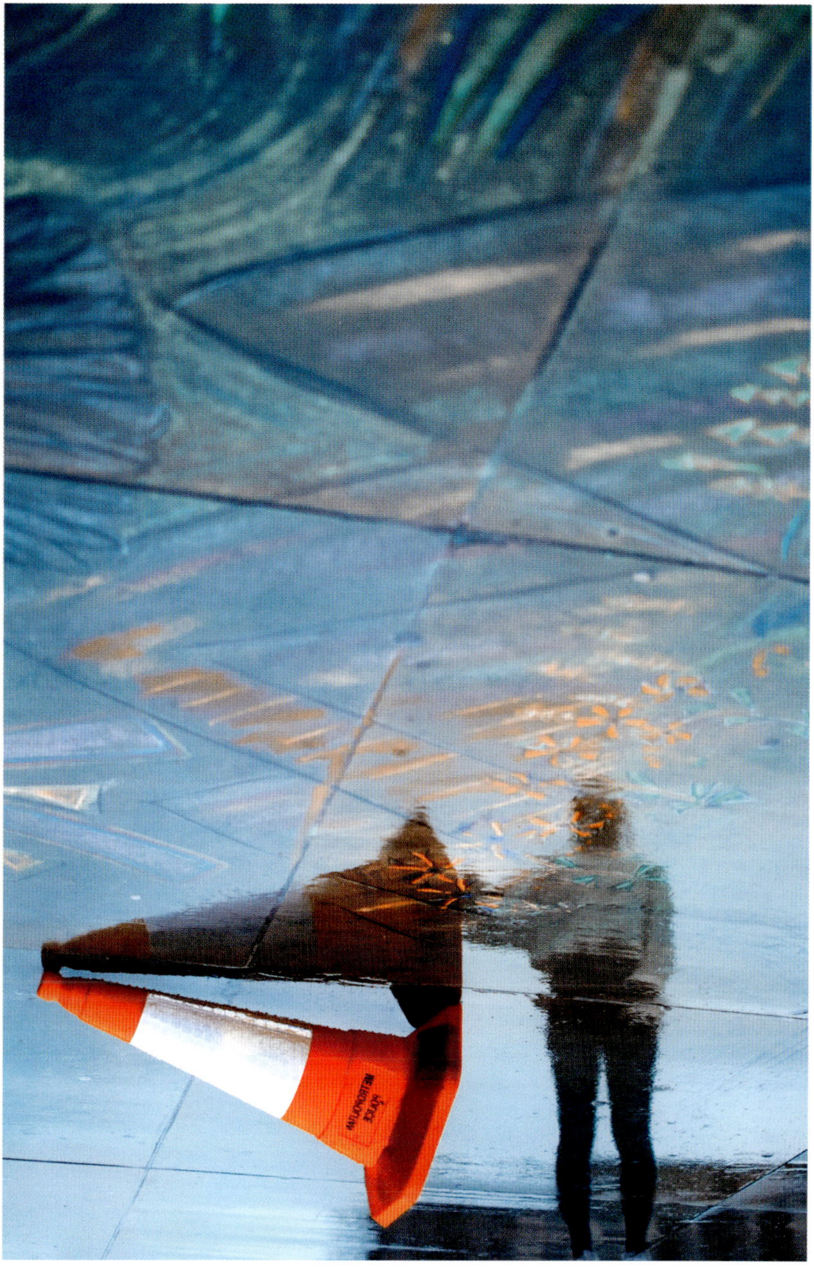

Reflektierende Oberflächen wie diese eignen sich hervorragend, um Betrachter zweimal hinschauen zu lassen.
OBEN London, 2018
UMSEITIG New York, 2018

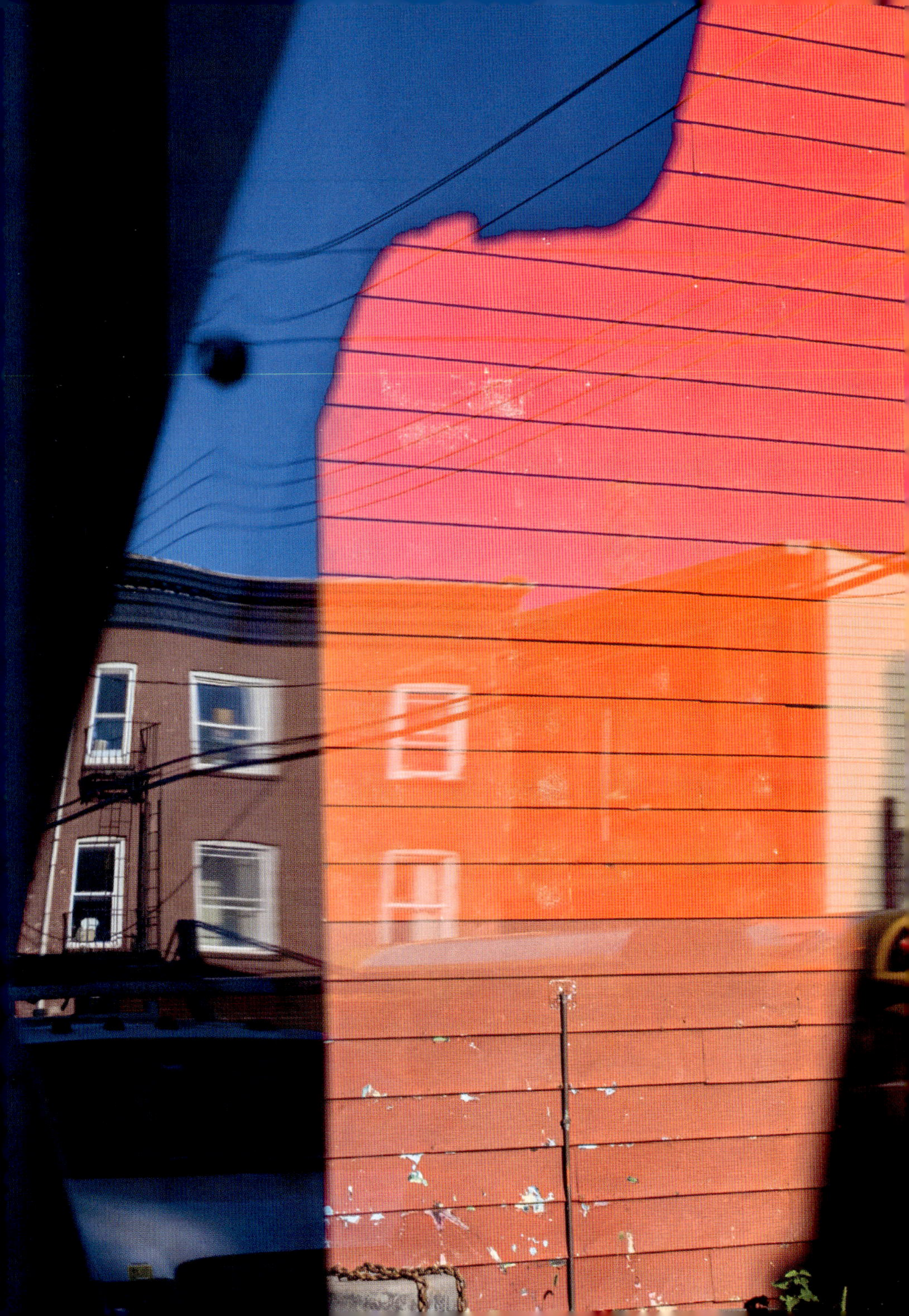

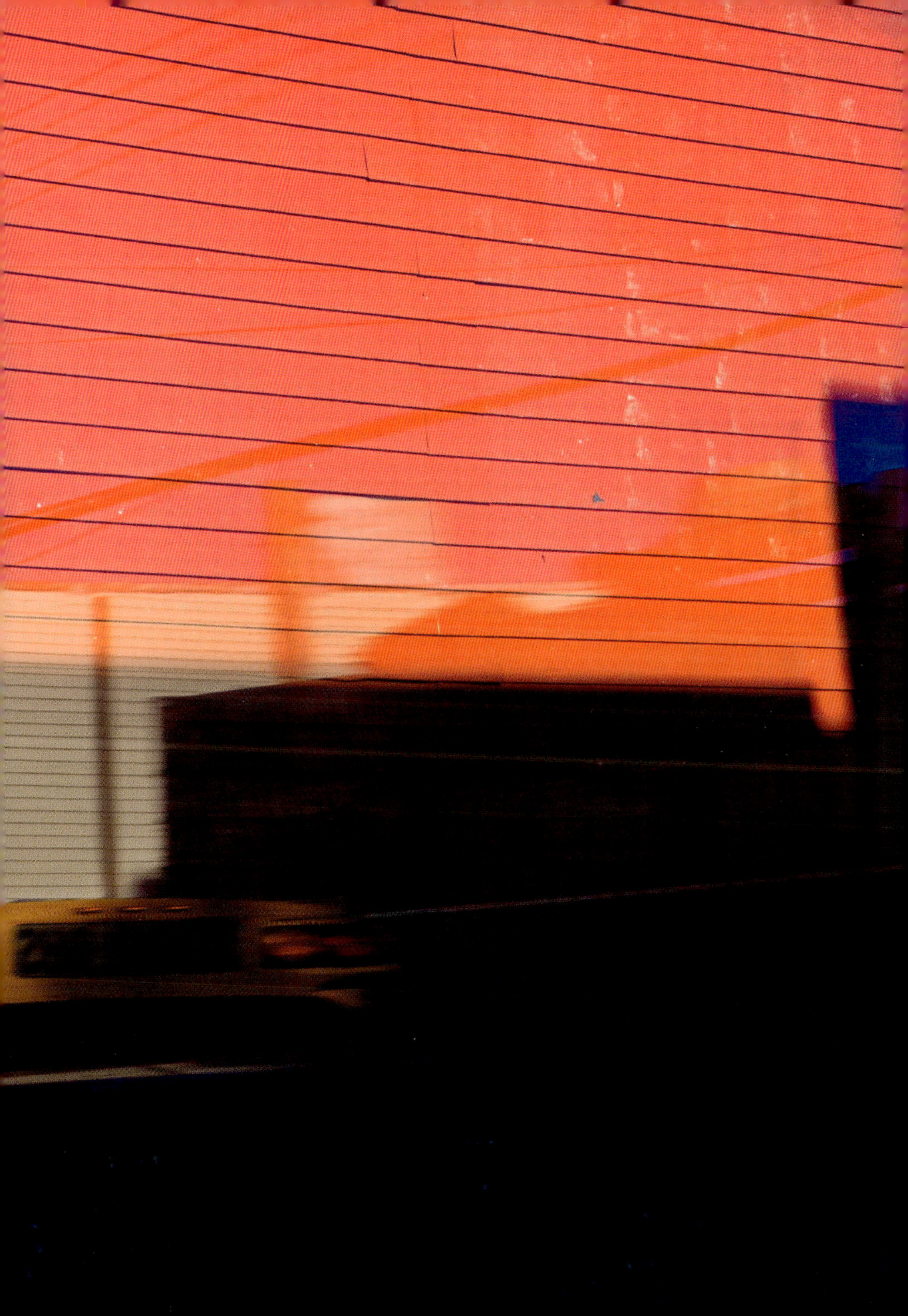

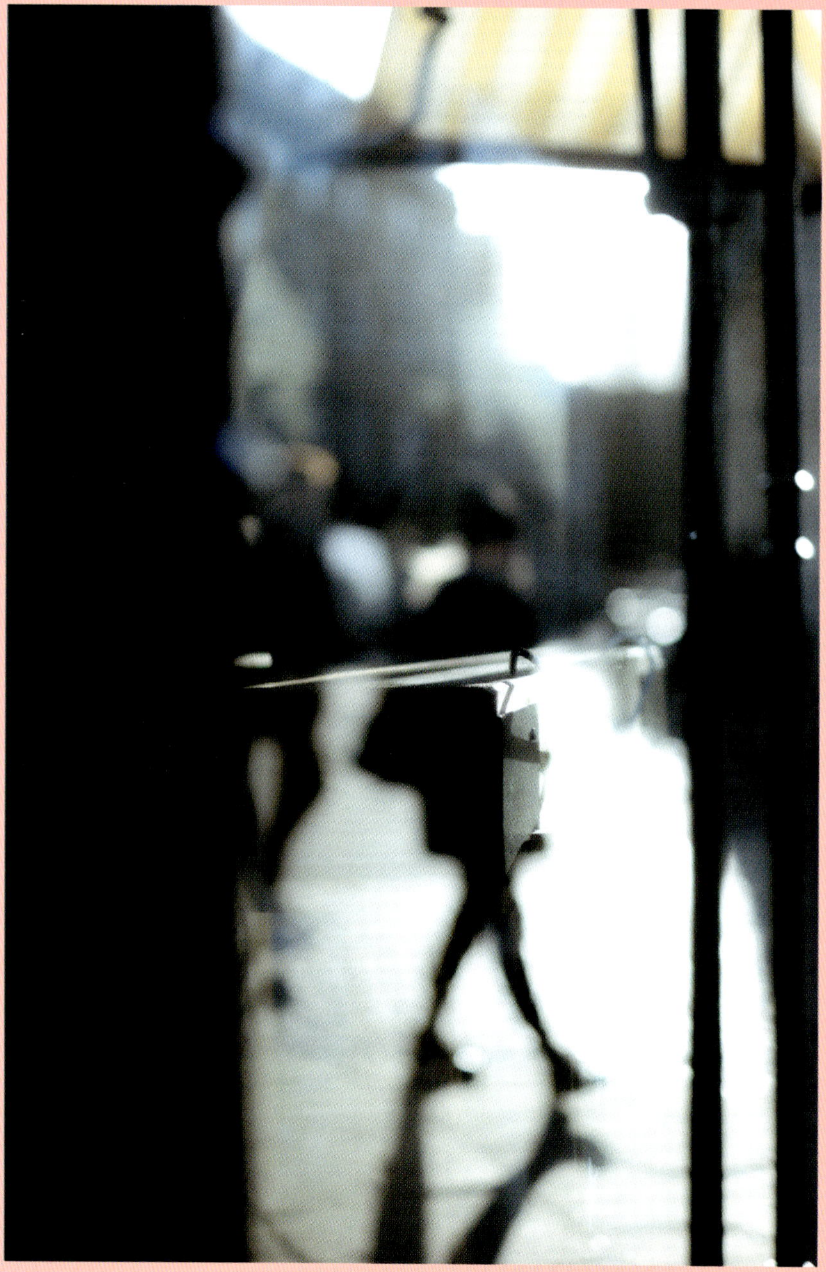

Wer mit seiner Ausrüstung vertraut ist, kann auch flüchtige Lichtmomente wie diesen einfangen.
Cambridge, 2019

3/

Ausrüstung ist alles

Alles, was du brauchst, ist eine Kamera – und zwar deine, die du in- und auswendig kennst

Ich verrate dir ein Geheimnis: Es ist unwichtig, womit du fotografierst! Atemraubende Straßenfotos kannst du sowohl mit deinem Smartphone als auch mit einer Billigkamera machen. 2019 war ich mit dem Fotografie-YouTuber Kai Wong auf den Straßen Londons unterwegs. Er hatte mich vor folgende Herausforderung gestellt: Welche Art von Fotos würde ich mit einer für vierjährige Kinder gedachten Star-Wars-Kamera in Form eines Stormtrooperhelms machen anstatt mit meiner damaligen Fujifilm X-Pro2? Das war der ultimative Test, um zu erkennen, wie abhängig meine fotografischen Fähigkeiten von der Ausrüstung sind, die ich benutze. Zum Glück schlug ich mich ganz gut – und lernte dazu.

Natürlich sind die Möglichkeiten mit einer einfachen Kamera oder einem Smartphone begrenzt. Wer bestimmte Effekte erzielen will, profitiert von der Option, das Objektiv wechseln zu können. Wenn du gute Bilder machen willst, ist es unerlässlich, die tech-

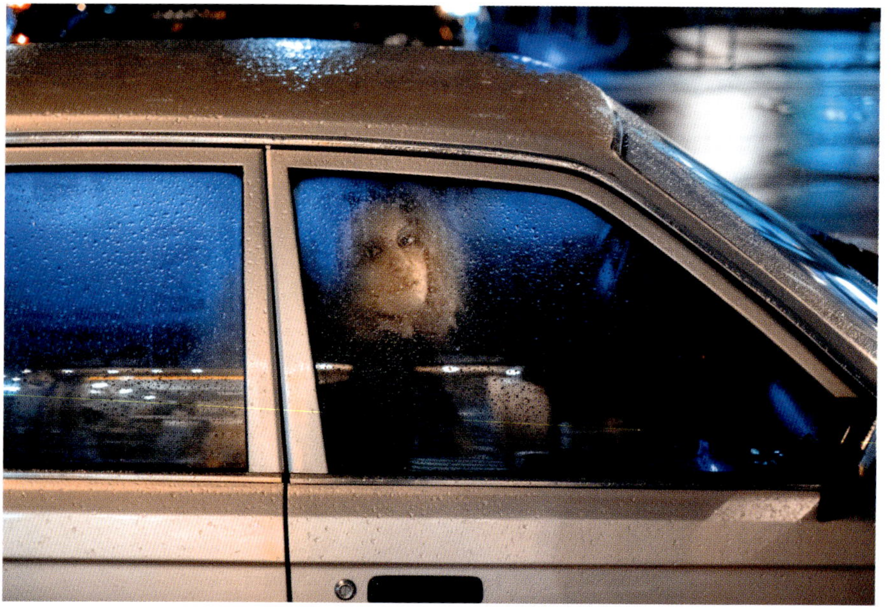

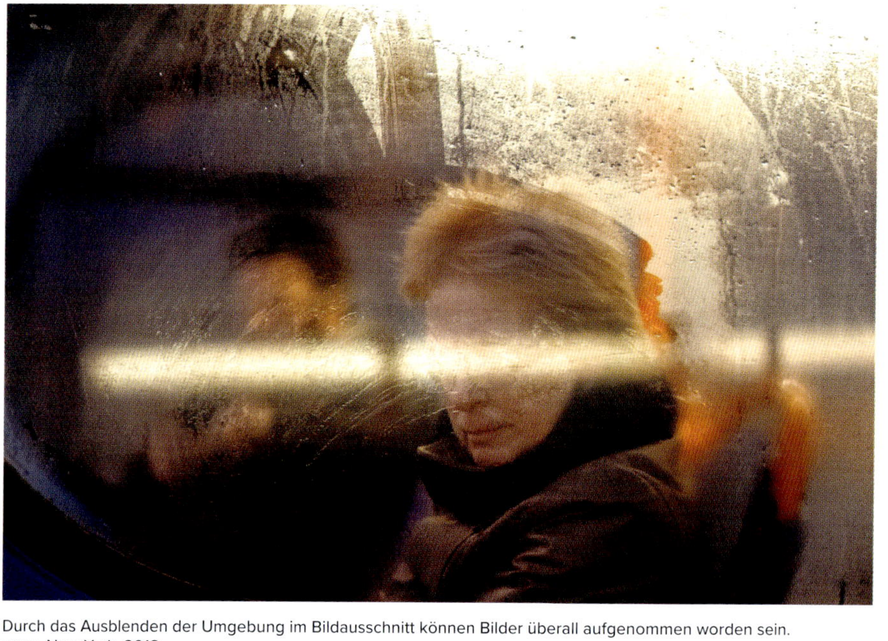

Durch das Ausblenden der Umgebung im Bildausschnitt können Bilder überall aufgenommen worden sein.
OBEN New York, 2018
UNTEN Cambridge, 2018

nischen Möglichkeiten und Beschränkungen der Ausrüstung zu kennen – die Spielzeugkamera litt unter einer lästigen Auslöseverzögerung und die Bildauflösung betrug gerade mal zwei Megapixel. Wer stundenlang draußen fotografiert, kann die Möglichkeiten ausloten, weiß, wie die Kamera in verschiedenen Situationen reagiert, und kann sie instinktiv bedienen. Sie fühlt sich dann wie ein Teil des eigenen Körpers an.

»Wer weiß, wie die Kamera in verschiedenen Situationen reagiert, bedient sie instinktiv. Sie wird dann zu einem Teil des eigenen Körpers.«

In fast allen Lebensbereichen sind die Menschen von Neuem besessen und glauben z. B., dass sie ständig die neuesten »Must Have«-Klamotten kaufen müssen, obwohl sie auch getragene kaufen und ändern lassen könnten. Meiner Meinung nach sollte man die Dinge, die man besitzt, besser nutzen, anstatt sich nach etwas Neuem zu sehnen. Leider ist es Ziel der Werbung, uns viele Sachen zu verkaufen und glauben zu machen, dass wir noch mehr bräuchten. In herausfordernden Momenten erinnere ich mich daran, dass die alten Meister der Streetfotografie analog arbeiteten. Wenn sie schnell hantierten, nahmen sie mit manuellem Fokus bestenfalls ein paar Bilder pro Sekunde auf. Bei diesem Gedanken bin ich mit der Kapazität meiner heute verfügbaren Ausrüstung sehr zufrieden.

Derzeit arbeite ich meist mit einer Sony a7R IV. Diese Kamera ist größer und schwerer als meine früheren Fuji-Kameras und auch die Objektive sind leider teurer. Meine Fuji war ergonomischer und leichter zu handhaben, doch die Bildauflösung der Sony ist so hoch, dass ich auch kleine Bildausschnitte wählen und abstraktere Bilder machen kann, ohne an Qualität einzubüßen. Die Bilder sehen immer toll aus – egal, was ich mit den Dateien anstelle. Am häufigsten verwende ich dabei Festbrennweiten von 50 und 85 mm und das aus einem wichtigen Grund: Ich lebe in Cambridge, Großbritannien, und fotografiere fast immer in der Nähe des relativ kleinen Stadtzentrums. Würde man hier mit einem Weitwinkelobjektiv fotografieren, wäre so viel Hintergrund im Bildausschnitt, dass man nicht allzu viele Aufnahmen derselben Straße machen könnte. Die Bilder wären sich sehr ähnlich, auch wenn sie unterschiedliche Dinge abbilden würden. Mit längeren Brennweiten kann man kleine Ausschnitte der Szenerie isolieren, jahrelang dieselbe Straße fotografieren und dabei jedoch immer wieder andere Bilder entstehen lasssen.

Die Wahl der Ausrüstung entspricht dem fotografischen Ansatz. »Jäger« wie Joel Meyerowitz, die auf menschliche Dramatik fokussiert sind, verwenden meist ein Weitwinkelobjektiv, weil sie so viel Geschehen wie möglich einfangen wollen. Ihr Stil wird durch das Objektiv definiert, ihre Weltsicht durch die Brennweite geprägt. Wenn man Bruce Gilden ein 85-mm- oder 135-mm-Objektiv gäbe, würde er nicht dieselbe Arbeit machen.

Ich fotografiere immer im »A-Modus« (Blendenvorwahl) und treffe einzig die Entscheidung, wie viel vom Bildbereich ich scharf oder unscharf darstellen möchte. Manchmal mache ich auch kreativere Aufnahmen und wähle eine längere Verschlusszeit, konzentriere mich aber ausschließlich auf die richtige Komposition. Ich möchte möglichst wenige Entscheidungen treffen. Da niemand sich das Bild ansehen und sagen wird: »Weniger körnig wäre gut gewesen, der ISO-Wert war so und so hoch«, ist es unwichtig für mich, ob es ISO 1600 oder 3200 ist. Viel entscheidender für mich ist, ob der Fokus dort ist, wo ich ihn haben wollte, und ob ich das Geschehen einfangen und die Komposition so gestalten konnte, wie ich es beabsichtigt hatte. Das sind die Dinge, auf die es für mich bei einem gelungenen Bild ankommt.

Manchmal ist es gut, für Abwechslung zu sorgen, wie etwa durch Einschränkungen bei der Brennweite oder die Nutzung eines unbekannten Kameratyps. So kann man sich zum kreativen Experimentieren motivieren. Da Einschränkungen die Fantasie anregen können, nutzen viele Streetfotografen Festbrennweiten. Dann müssen sie die Beine bewegen und eine interessante Auswahl treffen. Derzeit nutze ich ein Zoom-Objektiv an meiner Kamera und arbeite im längsten Brennweitenbereich. Nur ab und zu benutze ich ein Weitwinkelobjektiv, was mich mehr Anstrengung kostet, wenn ich eine Szene so vereinfachen will, dass etwas Schönes, Klares entsteht. Mit einer Plastikspielzeugkamera mit rostigen Batterien für nur £30 ist das eine noch größere und sehr motivierende Herausforderung.

»Es ist gut, für Abwechslung zu sorgen, wie etwa durch Einschränkungen bei der Brennweite oder die Nutzung eines unbekannten Kameratyps.«

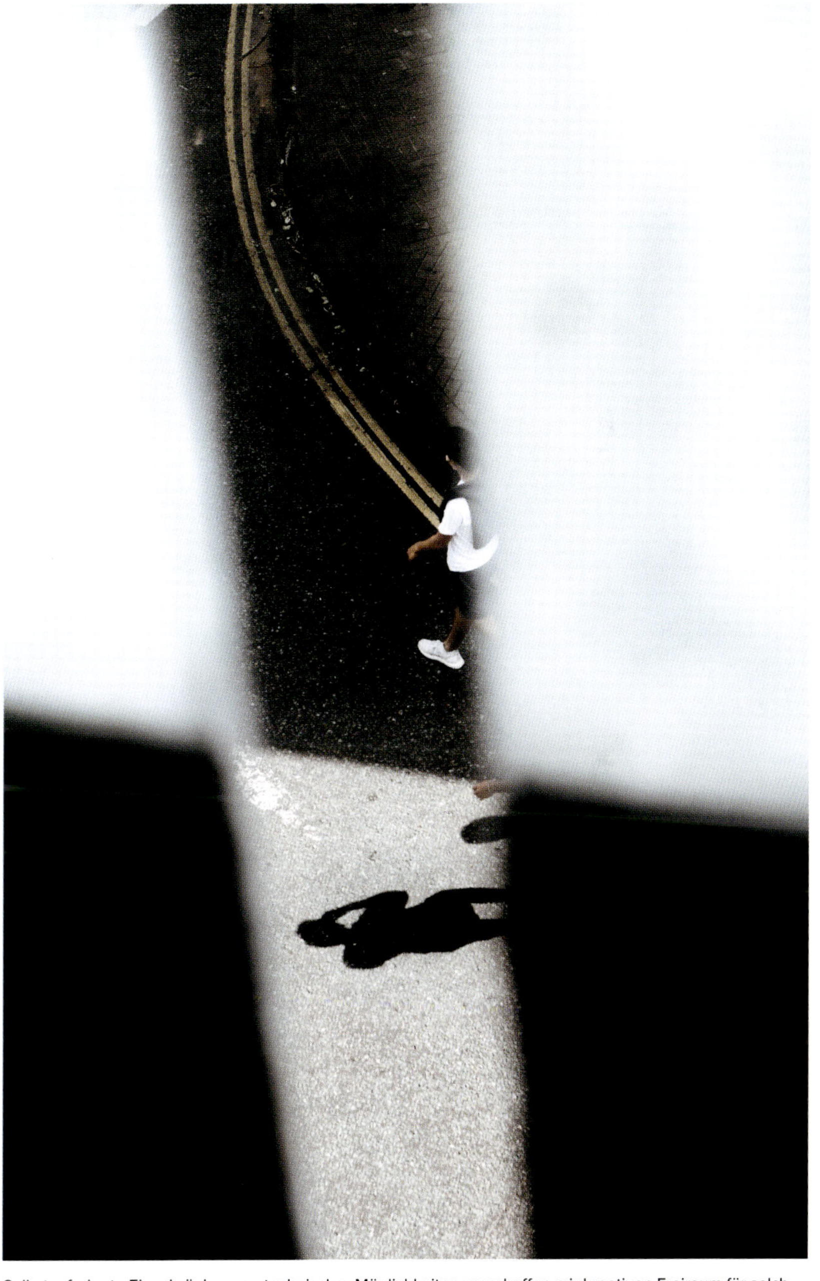

Selbstauferlegte Einschränkungen technischer Möglichkeiten verschaffen mir kreativen Freiraum für solch eindrucksvolle Kompositionen.
Cambridge, 2017

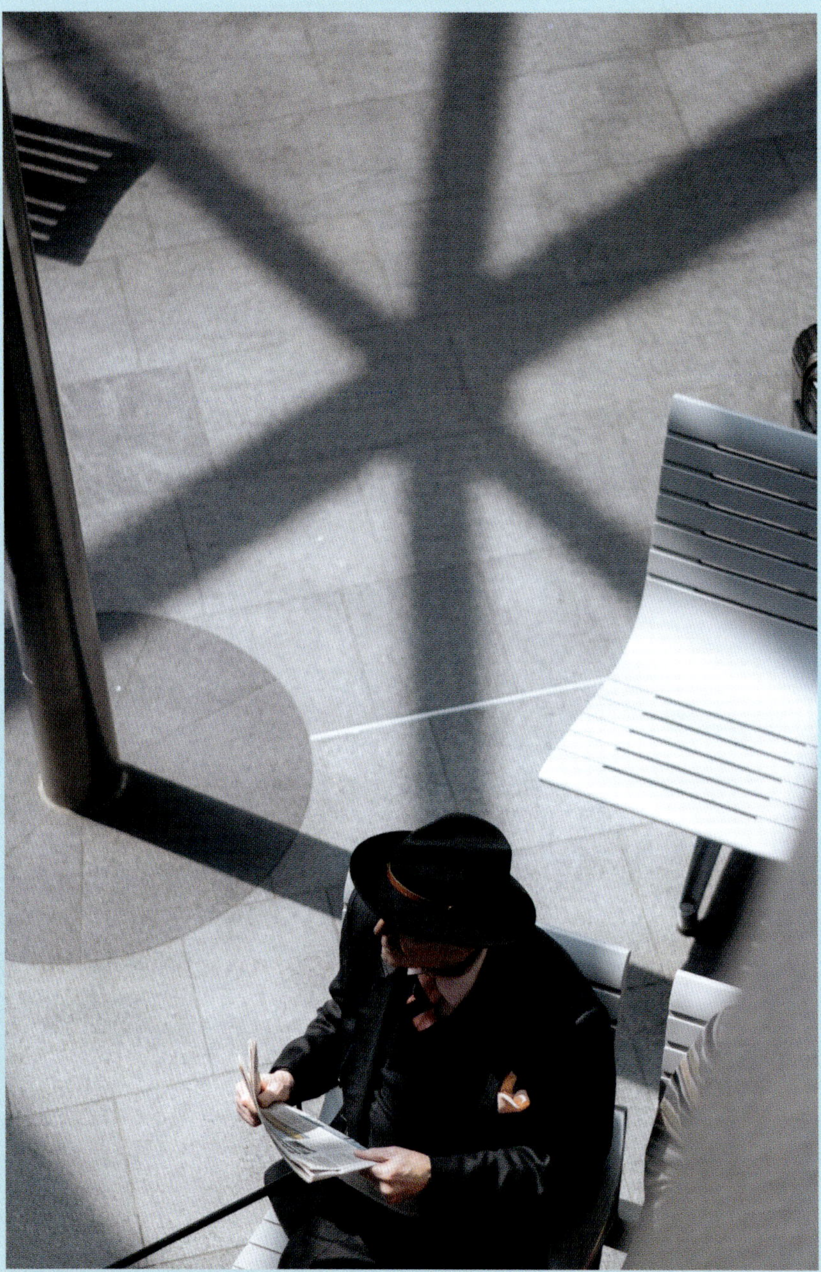

Kleine Details (hier sind es Hut, Einstecktuch und Krawatte) verraten viel über eine Person.
London, 2018

4/

Raus an die Luft

Überlege dir, wann und wohin du gehst – Hauptsache, du gehst los

In Metropolen wie London, New York, Tokio oder Delhi mangelt es nie an interessanten Motiven. Für Anfänger kann das eine wahre Herausforderung sein. Stell dir vor, du wärst angehender Koch und hättest alle erdenklichen Zutaten zur Verfügung – du wüsstest gar nicht, was du zuerst kochen sollst. Wenn du nur drei Zutaten hättest, wüsstest du sofort, was zu tun wäre. Hat man also das Glück, in einer Millionenstadt zu leben, muss man entsprechende Scheuklappen aufsetzen und sich auf ein Element nach dem anderen konzentrieren, sonst ist man überfordert. Den Einstieg kann man sich erleichtern, indem man sich zum Beispiel auf nur einen Aspekt eines Sujets konzentriert und diesen Teil für sich sprechen lässt.

Hände als Motiv sind bestens dafür geeignet, Aufschluss darüber zu geben, was eine Person macht, ihr Gesicht aber nicht unbedingt verrät: Farbflecken verraten etwas über eine künstlerische Tätigkeit und Mehlstaub deutet auf einen Bäcker hin. Für mich

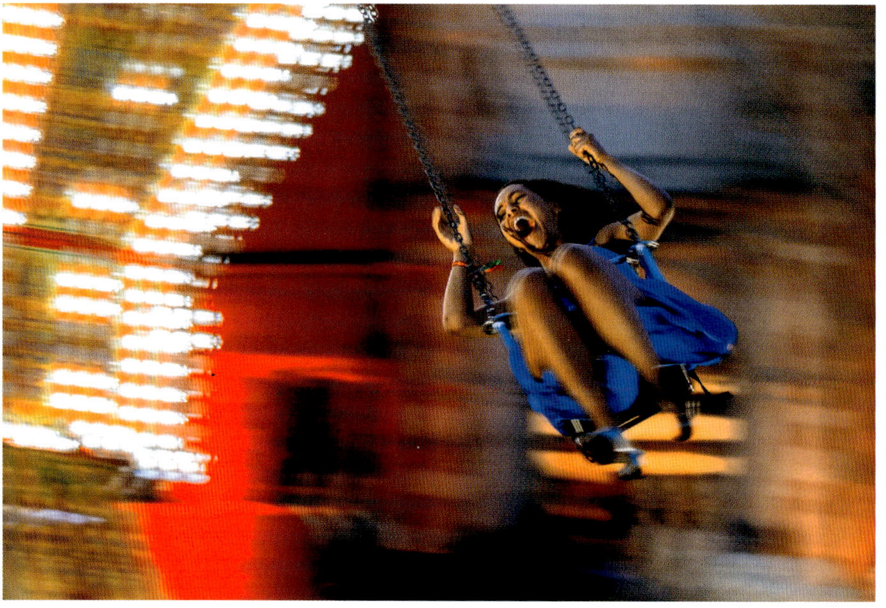

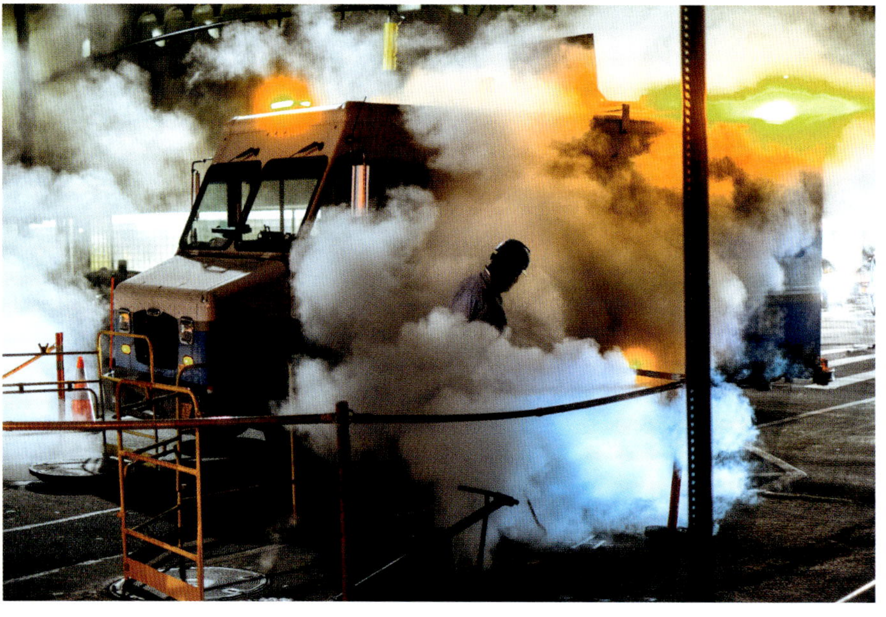

Bewegungsunschärfe und Dampfschwaden verleihen diesen Aufnahmen Tempo und Textur.
OBEN Cambridge, 2022
UNTEN New York, 2018

sind Hände faszinierend – sie sagen mir alles, was ich wissen muss. Gesichter hingegen lenken mich ab, da ich meinen Blickpunkt auf andere Dinge richten möchte: das Licht, das auf eine Person fällt, die Bewegung ihrer Kleidung, ihre Gestik. Entscheidend ist die Komposition. Sobald ein Gesicht zu sehen ist, schaut man unweigerlich darauf und verpasst den Rest des Bildes. 2017 habe ich einen Mann mit Plastikhandschuhen fotografiert: Was damals seltsam erschien, war im Jahr 2020, aufgrund der Covid-19-Pandemie, ziemlich alltäglich geworden.

Mit kleinen Schritten und einfachen Aufgaben anzufangen, erleichtert den Einstieg in die Streetfotografie erheblich. Hat man diese im Griff, kann man weitere Komponenten dazunehmen und z.B. das Licht beobachten, um zu sehen, wie es sich im Laufe des Tages oder Jahres verändert. So kann man den besten Zeitpunkt für eine bestimmte Aufnahme ermitteln. Apps wie *PhotoPills* können bei der Planung helfen, denn nicht jeder kann es sich leisten, stündlich ein und denselben Ort aufzusuchen. Wer einen Ort bei einem bestimmten Lichteinfall fotografieren will, weil er dann eindrucksvoll aussieht, kann mit dieser App die genaue Tages- und/oder Jahreszeit ermitteln, zu der das Licht exakt so fällt. Wenn man sich das notiert, kann man zur errechneten Zeit wiederkommen und seine Aufnahme machen.

»Mit kleinen Schritten und einfachen Aufgaben anzufangen, erleichtert den Einstieg in die Streetfotografie.«

Weitere lohnenswerte Aufnahmen kannst du einfangen, wenn du Orte aufsuchst, an denen du interessante Dinge vermutest, und dann herausfindest, wann es dort öffentliche Veranstaltungen gibt, die du besuchen kannst. Fotografiere ich in einer anderen Stadt, informiere ich mich manchmal über lokale Veranstaltungen, habe aber etwas Konkretes im Sinn. Wenn ich in New York bin und mit Einheimischen fotografiere, führen sie mich zuweilen zu ungewöhnlichen Orten, werden aber unterwegs oft von etwas völlig anderem abgelenkt. Ich war im Oktober 2018 dort und erinnere mich, dass ich sie fragte, wo ich Dampf sehen kann, der aus Rohren im Boden kam – ein klassisches New Yorker Straßenfoto. Als wir auf dem Weg zu einem Ort waren, den einer der Jungs kannte, stießen wir auf einen LKW von Con Edison, jenem Unternehmen, das das Strom-, Gas- und Wärmenetz der Stadt unterhält. Zu meinem Glück hatten sie ein riesiges Loch von drei Metern Tiefe ausgehoben, aus dem ein irre dampfender Schornstein ragte.

Meine New-York-Kontakte knüpfte ich über Instagram. Bevor ich loszog, schrieb ich in einem Beitrag, an welchen Tagen ich vor Ort sein und fotografieren würde, und fragte, wer mitkommen wolle. Auch mit nur ein paar Tausend oder ein paar Hundert Followern kann man ein Netzwerk aufbauen. Als ich noch kaum Follower hatte, schrieb ich einen ähnlichen Post vor einer Reise nach Barcelona, worauf jemand antwortete, dass sein Cousin dort lebte. Ich schrieb ihn direkt an und wir trafen uns. Es ist eine wirklich einfache Möglichkeit, mit Leuten in Kontakt zu treten und etwas über versteckte Restaurants oder andere Orte zu erfahren, die nur Insider kennen. Dieser Cousin zeigte mir die coole Dachterrasse seines Wohnblocks. Dort entstanden zwar keine Fotos, allerdings wurde mir ein Blick auf die Stadt gewährt, der ohne diese Verbindung nicht möglich gewesen wäre.

Unterwegs zu sein und zielstrebig Straßenfotos zu machen, ist eine Sache; hat man jedoch nur beschränkt Zeit – eine halbe Stunde hier, eine halbe da –, sollte man lernen, sie effektiv zu nutzen. Je mehr Zeit man auf der Straße verbringt, desto besser lernt man sein Handwerk und desto wahrscheinlicher werden gelungene Aufnahmen. Das ist reine Mathematik: Es besteht ein direkter Zusammenhang zwischen der Anzahl der Stunden, die man auf der Straße verbringt, und den einzigartigen Momenten, die sich ergeben. Diese Momente kann man weder planen noch vorhersagen – sie sind ein Geschenk der Stadt.

»Je mehr Zeit man auf der Straße verbringt, desto besser lernt man sein Handwerk und desto wahrscheinlicher werden gelungene Aufnahmen.«

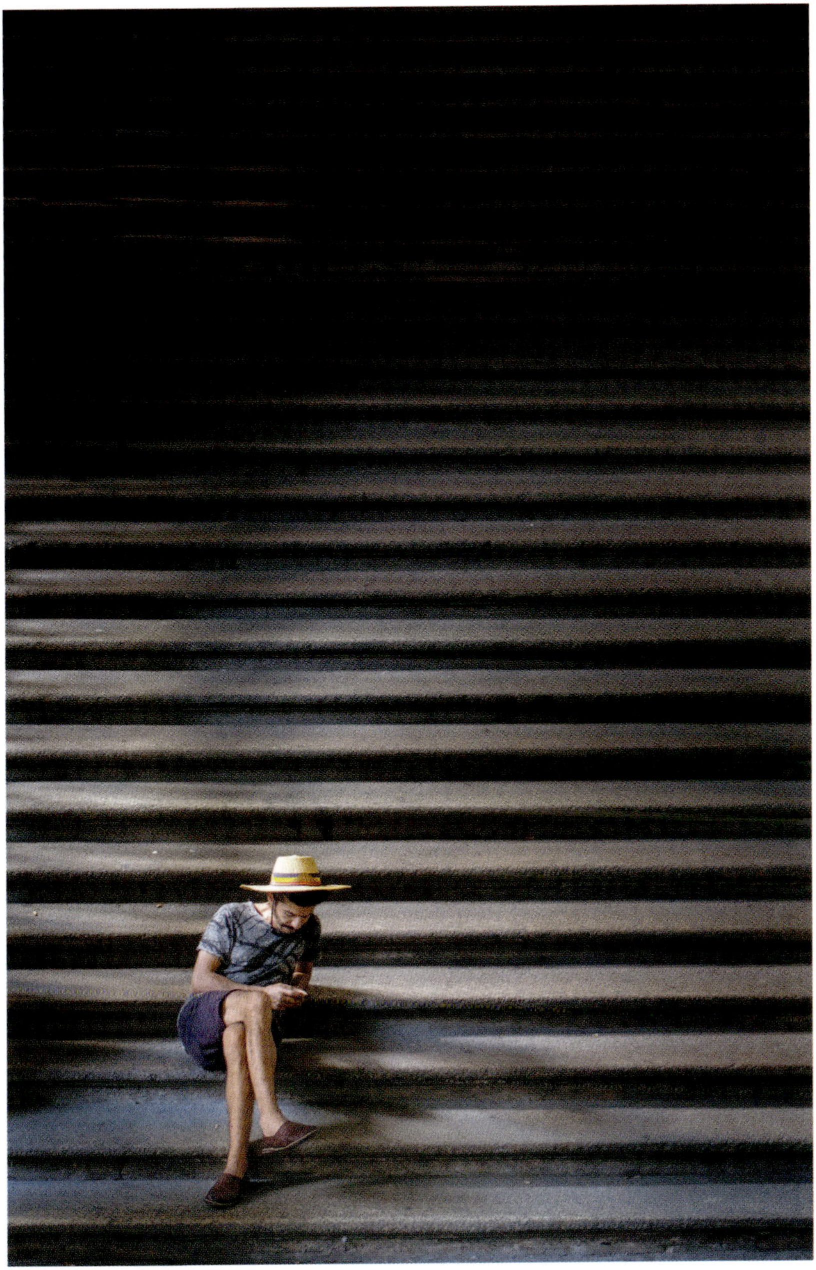

Einheimische wissen am besten, wo interessante Bildhintergründe zu finden sind, wie diese Steintreppe in Mailand.
Mailand, 2017

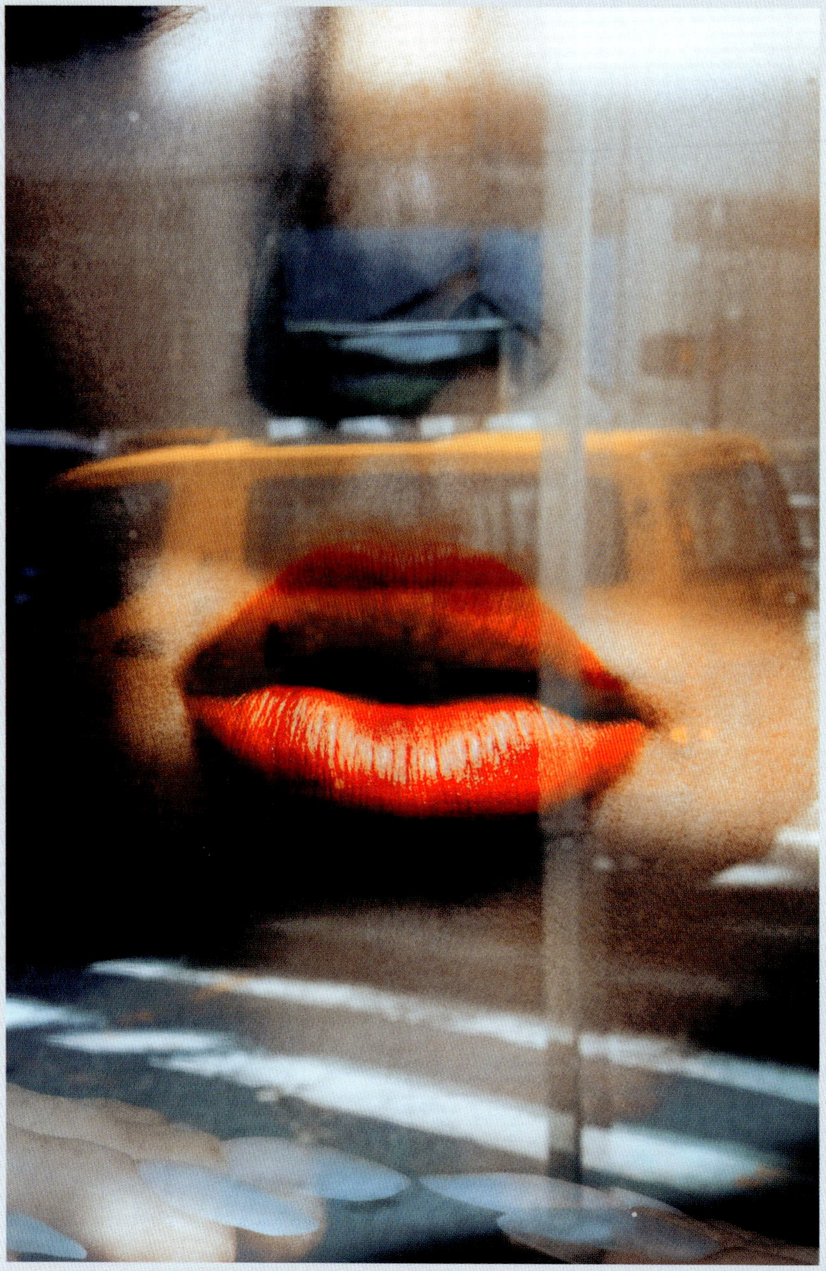

Fotografiere, sobald du draußen bist. Manchmal wirst du fündig.
New York, 2022

5/

Wärm dich auf

Um optimale Straßenbilder zu machen, wärm dich am besten ein bisschen auf

Der kanadische Architekt Frank Gehry kann nicht mit Computern umgehen. Die Ideen für seine ikonischen Bauten entstehen beim Skizzieren. Manchmal führt ihn sein Stift in eine Sackgasse, ein anderes Mal an Orte, die niemand vorhergesehen hätte. Seine Skizzen sind keineswegs präzise; für die meisten wirken sie wie Kritzeleien. Hat er aber ein Projekt beendet – etwa das Guggenheim-Museum in Bilbao oder die Walt Disney Concert Hall in Los Angeles –, zieht er sein wildes Linienchaos aus der Tasche und die Ähnlichkeit mit dem fertigen Bauwerk ist verblüffend.

Gehrys Strichzeichnungen sind doppelt hilfreich. Sie ermöglichen ihm die Offenheit für glückliche Zufälle und so ist er vermutlich auf einige seiner besten Ideen gekommen. Außerdem umgehen sie die Angst vorm weißen Blatt, der viele kreative Köpfe begegnen. Der Ausdruck »Weißes Blatt« mag Fotografen seltsam vorkommen, da sich ihnen die ganze Welt zum Aufnehmen

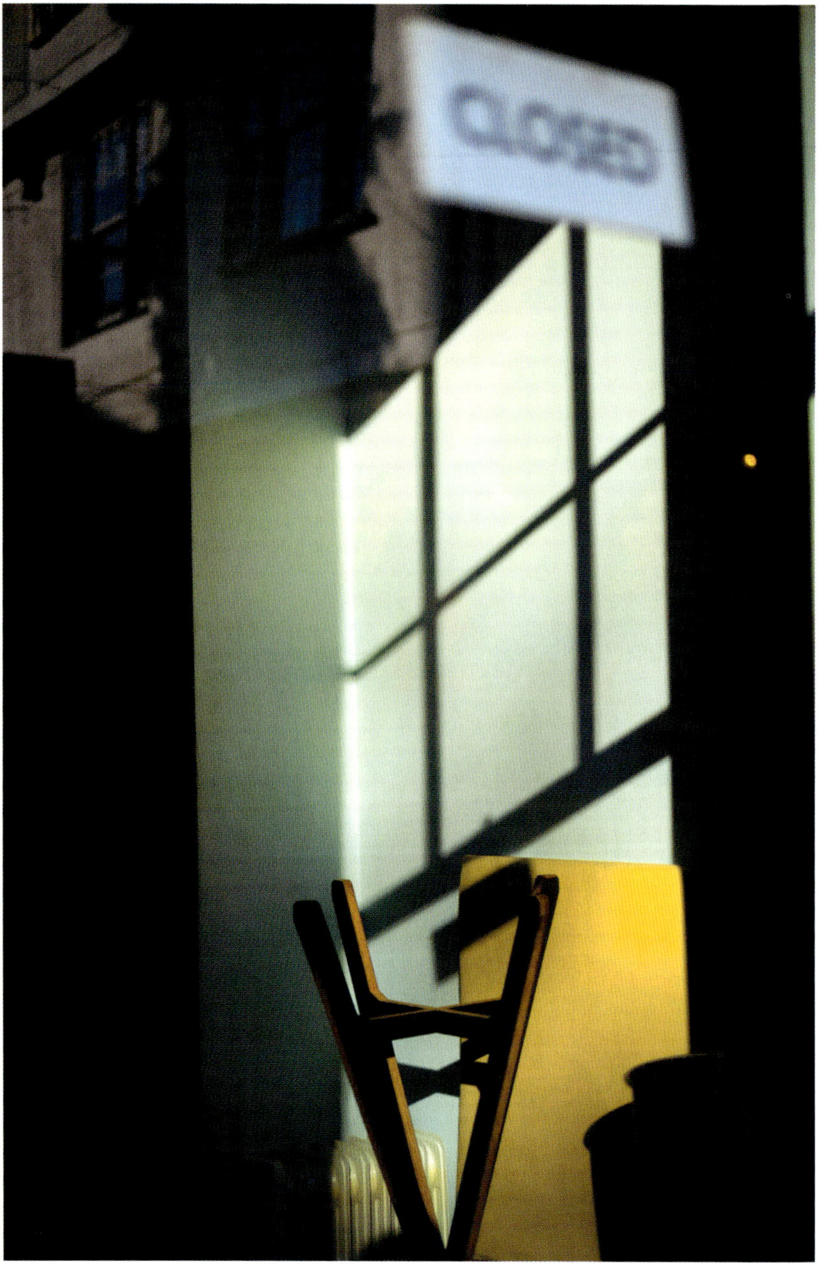

Je mehr Fotos du machst, desto mehr schärft sich dein Blick für Momente wie diesen.
Cambridge, 2018

anbietet, doch wir können Ähnliches erleben. Glücklicherweise leben wir im digitalen Zeitalter und können Tausende von Bildern zu relativ kleinem Preis aufnehmen, verglichen mit dem Kauf und der Entwicklung von analogen Filmrollen. Fotografen brauchten 50 Jahre des Experimentierens mit verschiedenen Lichtsituationen, um ihre Vorstellungen umsetzen zu können. Heute ist es uns möglich, unser Können viel schneller zu perfektionieren.

»Ein schlechtes Bild ist kein Verlust. Du kannst es anschauen, löschen und noch einmal aufnehmen.«

Leg einfach los! Ein schlechtes Bild ist kein Verlust, da du es anschauen, löschen und noch einmal aufnehmen kannst. Experimente sind möglich und mit vielen Testbildern kann du dich »aufwärmen«. Stell dir vor, du wärst als Läufer kurz vor dem 100-Meter-Finale oder als Schauspieler vor der Schlussszene einer ausverkauften Vorstellung. Testaufnahmen sind wie Hüpfer und Dehnungen oder Atem- und Stimmübungen. Als angehender Illustrator habe ich zum Beispiel einfach angefangen, etwas aufs Papier zu kritzeln. Manchmal hilft es auch, sich selbst eine Aufgabe zu stellen, wie etwa mit der nicht dominanten Hand zu zeichnen oder mit großer Blende zu fotografieren. Das wird dein Gehirn dabei unterstützen, in den richtigen Modus zu kommen, um großartige Bilder zu machen – es wäre dumm, diesen Weg abzukürzen.

Unzählige Streetfotografen taten genau das. Der amerikanische Fotograf Garry Winogrand drückte beim Spazierengehen zwanghaft auf den Auslöser seiner Kamera und fotografierte einfach alles. Der US-Dokumentation *All Things are Photographable* nach hat er im Laufe seines Lebens schätzungsweise mehr als eine Million Fotos aufgenommen. Zum Glück verschwenden wir mit dieser Herangehensweise heute nicht mehr eine Filmrolle nach der anderen.

Ich mache heutzutage viel weniger Fotos als früher. Es liegt daran, dass ich meine Stadt jetzt gut kenne und dass ich wählerischer geworden bin. Es gibt Zeiten, in denen ich einfach eine Stunde herumlaufe, ohne ein Bild zu machen. An anderen Tagen mache ich Fotos, die nach nichts aussehen – scheinbare Leere, keine menschliche Aktivität; von geringem Interesse für den Betrachter. Das ist mir egal, denn diese Testaufnahmen sind genau das: Tests. Ich betrachte sie als Wegwerfbilder und muss mich daher nicht darum kümmern, Bemerkenswertes zu erhaschen. Paradoxerweise sind einige meiner Lieblingsbilder auf genau diese Art entstanden.

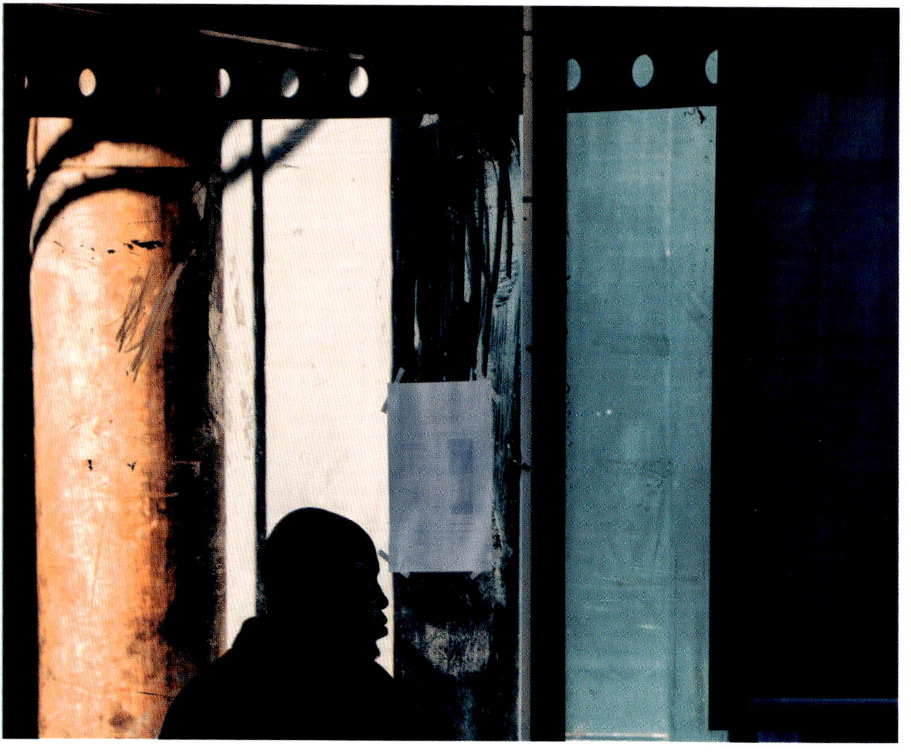

Eine perfekte Reihung wechselnder Farbsäulen, abgerundet durch den Schattenriss eines Kopfprofils. Cambridge, 2022

Je besser man wird, desto anspruchsvoller und kritischer wird man. In meinem Kopf kann ich schon fast das tun, was auch die Kamera tun würde. Ständig beobachte ich, was um mich herum passiert, und arrangiere gedanklich das Gesehene zu fesselnden Kompositionen. Wenn ich durch eine vertraute Szenerie laufe, auf einer Straße, die ich jeden Tag passiere, fällt es mir manchmal schwer, die Kamera hochzunehmen und abzudrücken – es sei denn, etwas Außergewöhnliches kommt mir vor die Linse. Meine Ansprüche sind hoch, ich fotografiere nur spektakuläre Motive. Diese schlechte Angewohnheit widerspricht meinen eigenen Ratschlägen und so muss ich mich oft selbst daran erinnern, lockerer zu werden und weiter zu experimentieren. Das geht vermutlich jedem so – egal, ob Streetfotograf, Schauspieler oder Architekt. Man muss sich wiederholt selbst anspornen und motivieren, um zu wachsen.

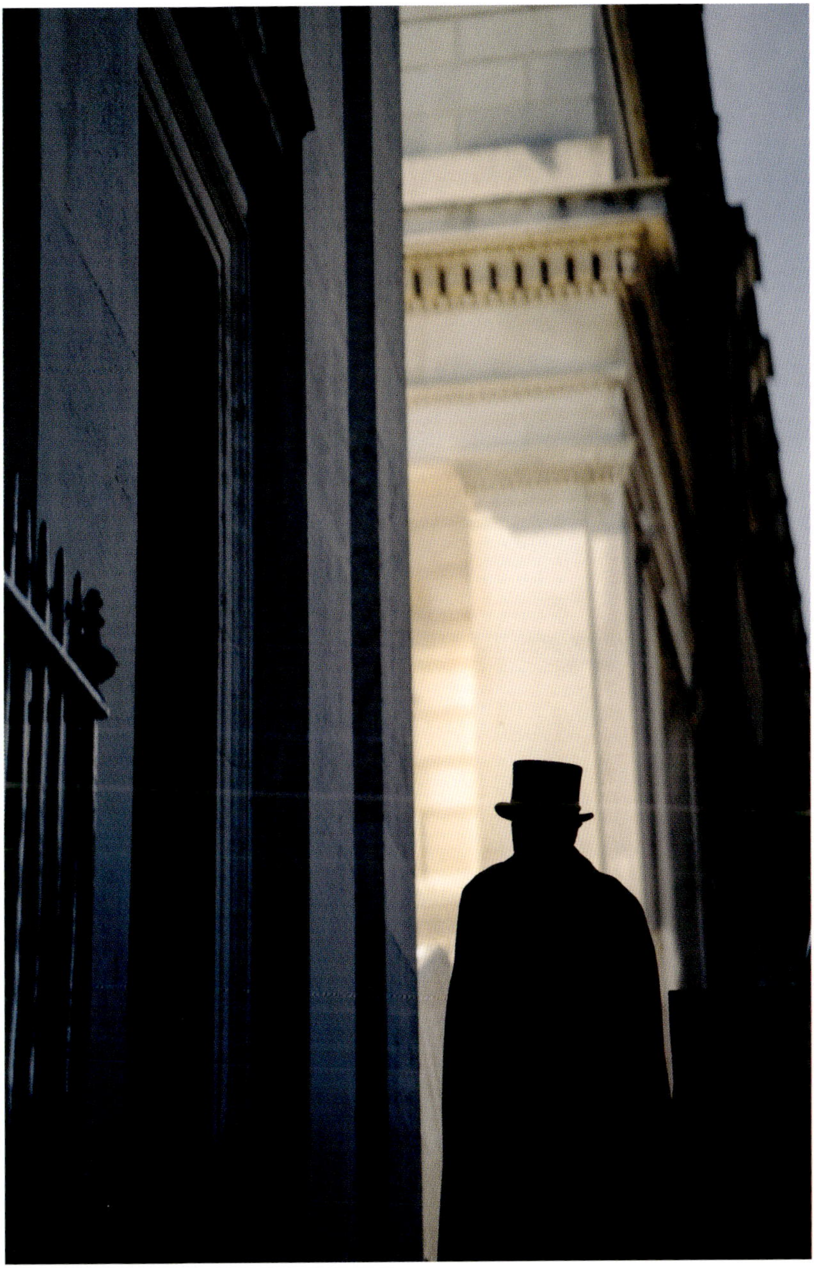

Die versetzte Lage dieser Gebäude bot eine perfekte Bühne für das Auftauchen dieser passenden Figur.
Cambridge, 2022

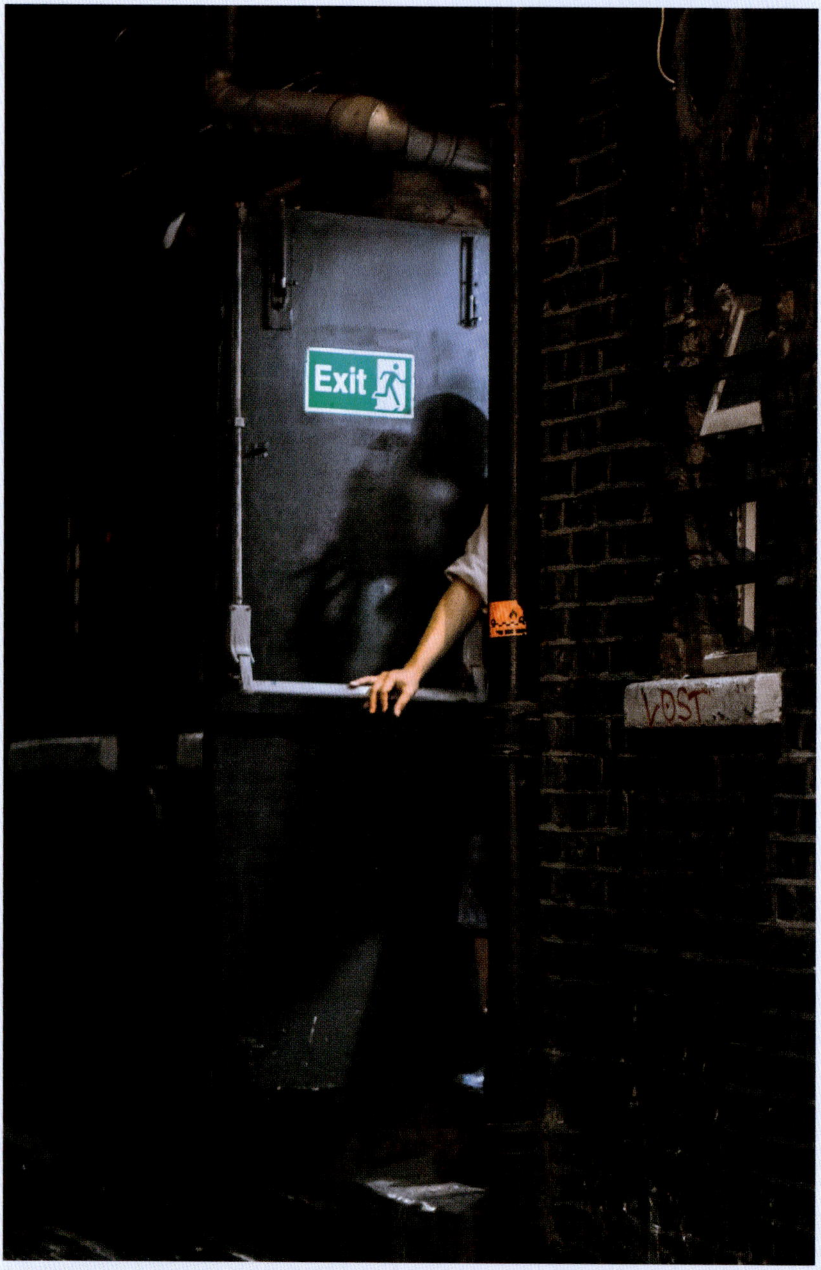

Bei dieser Aufnahme wissen wir nicht, ob sich die Tür öffnet oder schließt – das macht uns neugierig.
London, 2017

6/

Beobachte gut

Wer genau beobachtet, weiß, was passieren wird – und ist bereit, wenn es passiert

Ist eine Tür einen Spalt geöffnet, wird höchstwahrscheinlich etwas passieren. Jeden Moment kann jemand herauskommen oder hineingehen. Vielleicht geht die Tür dabei weit auf und man kann einen kurzen Blick auf das erhaschen, was drinnen passiert. Das ist die Art von Szenario, auf die man auf der Straße achten muss: Anzeichen oder Hinweise, die einem verraten, was sich möglicherweise gleich ereignen wird. Wenn du dich aufwärmst und Zufallsbilder machst, schaust du hin, hörst zu und nimmst alles in dich auf – Geräusche, Lichter, Verkehr oder Gespräche. Touristenscharen, Tauben, wechselnde Werbung und natürlich offene Türen –, alles perfekte Rahmen im Bildrahmen, die nur darauf warten, dass das Motiv erscheint.

Je länger man beobachtet, desto besser. Ich mache das inzwischen instinktiv und kann es gar nicht mehr abstellen. Ich beobachte Licht, Formen und Spiegelungen und überlege, wie sie

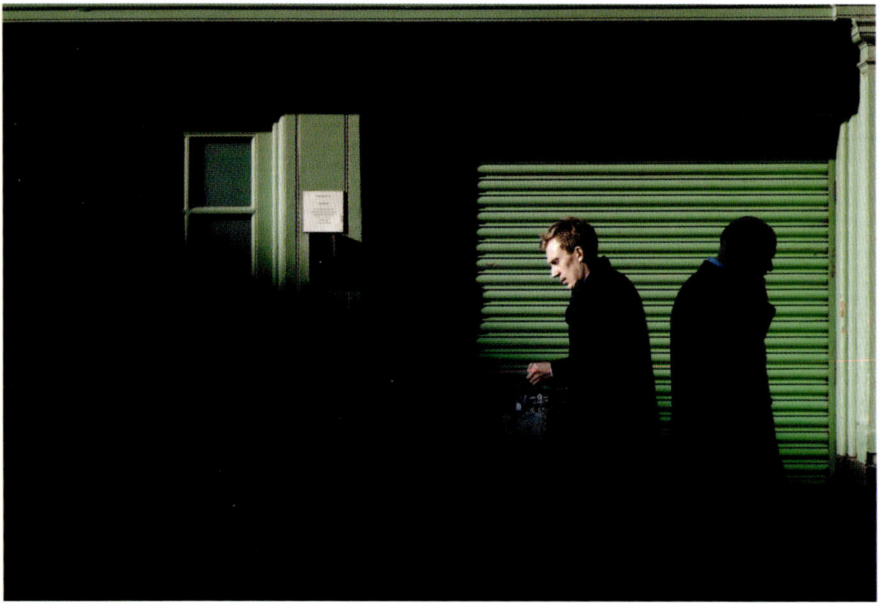

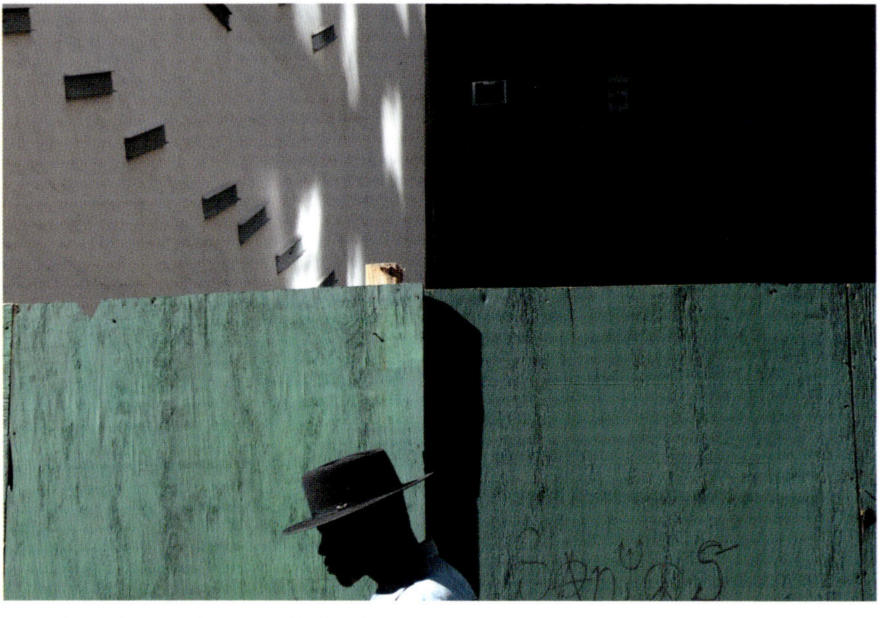

Eine grafische Wirkung erzielt man mit flächigen farbigen Hintergründen wie diese Fensterläden und Bretter.
OBEN London, 2018
UNTEN New York, 2018

sich zu Kompositionen fügen könnten. Das kommt vom jahrelangen Training, die Welt aus jedem erdenklichen Winkel zu betrachten. Leg eine Hand über dein besseres Auge und schau dich um. Erntest du komische Blicke, ignorier sie einfach! Wer sein Blickfeld einschränkt, nimmt Dinge wahr, die er sonst vielleicht übersehen würde. Mir persönlich hilft es, etwas Tiefe rauszunehmen, da ich mich so besser auf die Überlagerung von Vorder-, Mittel- und Hintergrund konzentrieren kann. Meistens gibt es mindestens zehn unterschiedliche Arten, eine Aufnahme zu machen – versuche es aus verschiedenen Blickwinkeln!

»Wenn du dich aufwärmst und Zufallsbilder machst, schaust du hin, hörst zu und nimmst alles in dich auf.«

Bin ich in meiner Heimatstadt Cambridge unterwegs, schaue ich immer nach neuen Motiven – wenn es sich dabei um vergängliche Zustände handelt, umso besser. Das Tempo des städtischen Wandels ist rasant. Selbst von einem Tag auf den anderen können bestimmte Aspekte desselben Ortes nicht wiederzuerkennen sein. Vielleicht hat ein Geschäft geschlossen und wird saniert; die Schaufenster sind dann mit Brettern vernagelt – so hat man vorübergehend einen praktischen hellen Hintergrund für Schattenrisse. Wenn ich eine Menschenmenge sehe, stelle ich mir Fragen wie: Was haben die Leute an? Wo stehen sie? Was machen sie? Was halten sie in der Hand? Ihre Kleidungsstücke, ihre Körperhaltung und Accessoires sind wichtige Kompositionselemente, die ich in den Aufnahmen nutzen kann.

Ein unerfahrener Streetfotograf wird oft das Gefühl haben, der Stadt nachjagen zu müssen. Man sieht eine auffällige Gestalt, zückt die Kamera, macht ein Foto und … in 99 von 100 Fällen ist das Ergebnis kein fesselndes Abbild dieser Person. Sieht man sich aber in Ruhe um, kann man ein paar potenzielle Kompositionen entdecken – etwa einen leuchtend roten Bereich im Bildrahmen, einen Ort mit gutem Licht oder eine schöne Spiegelung in einem Fenster. Wenn dann zufällig das perfekte Motiv vorbeikommt, weiß man, mit welchen Elementen man arbeiten kann. Halt also deine Augen offen und mach die Aufnahme nicht sofort. Bleib in Bewegung, bereite deine Komposition vor und warte, bis dein Motiv vorbeikommt. Falls du schon selbstbewusster bist, folge ihm und komponiere das, was du im Sinn hattest.

Auch das Arbeiten zu zweit erleichtert den Einstieg ins Metier, vor allem, wenn man schüchtern ist. Vier Augen sehen mehr als zwei!

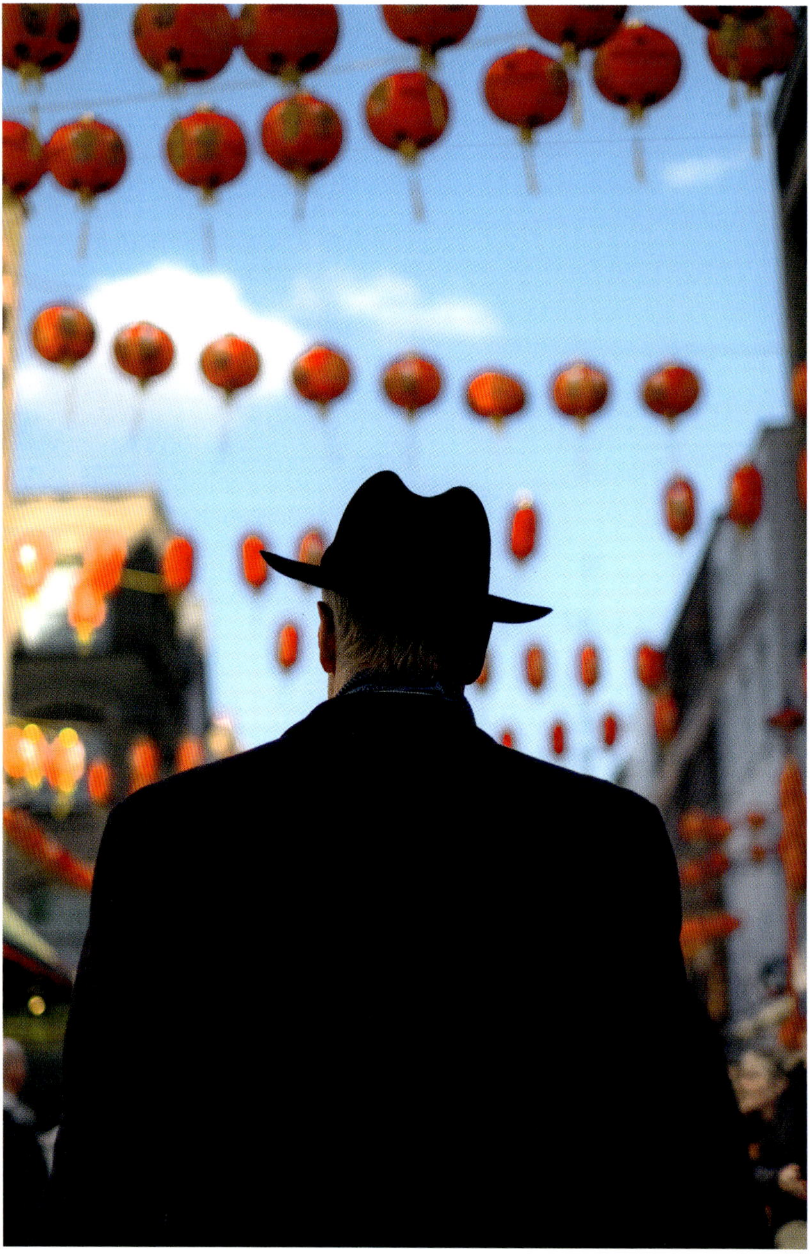

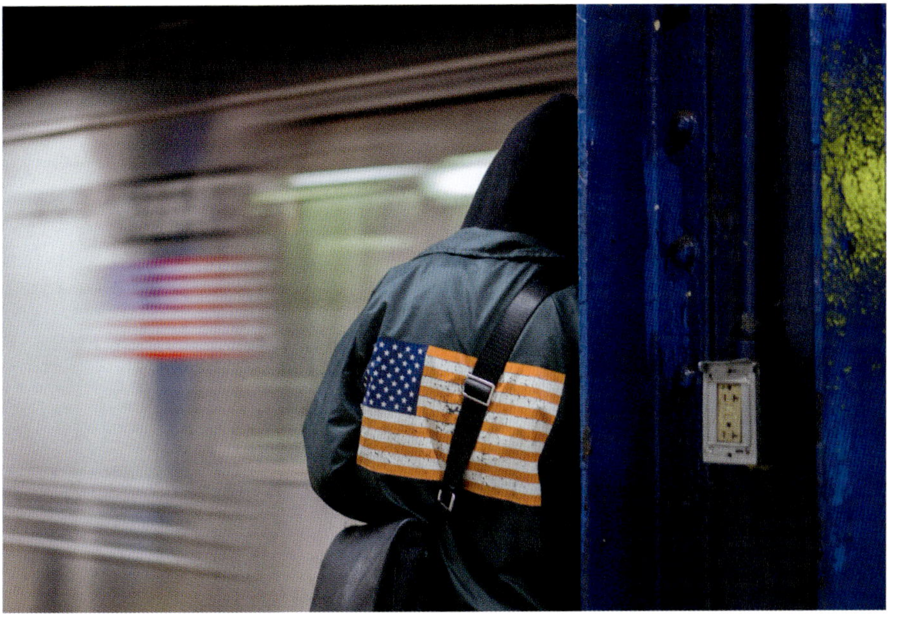

Vergleicht man Bilder vom selben Motiv, wird man staunen, wie subjektiv wir unsere Welt wahrnehmen. Wenn man alleine arbeitet, besteht die Gefahr des Tunnelblicks; gemeinsam kann man sich unterschiedliche Perspektiven eröffnen, sich gegenseitig motivieren und auch herausfordern. Falls andere ein Motiv entdecken, das man auch fotografieren möchte, und sich gleich auf die naheliegendste Komposition stürzen, hilft Kreativität, um zu einer eigenen Interpretation zu finden.

Es kann passieren, dass man sich eine Szenerie schon erschlossen hat, der richtige Moment aber erst Tage später kommt. Auf einer meiner Reisen nach New York stand ein Mann vor mir auf dem U-Bahnsteig. Der Zug fuhr ein und ich machte ein paar Fotos mit langer Verschlusszeit, um die verschwommene U-Bahn hinter ihm abzubilden. Ein paar Tage später stand ich wieder dort, vor mir ein Mädchen, auf deren Jacke das Sternenbanner prangte. Ich erinnerte mich, dass mir aufgefallen war, dass jeder einzelne U-Bahn-Wagen mit der amerikanischen Flagge beklebt ist. Da wusste ich, dass ich dieses Mädchen mit der gleichen langen Verschlusszeit vor dem vorbeifahrenden Zug fotografieren wollte. Das war die bessere Aufnahme.

Hat man die Vorarbeit geleistet, kann man darauf zurückgreifen, wenn die richtige Person vorbeikommt.

LINKS
London, 2018

OBEN
New York, 2018

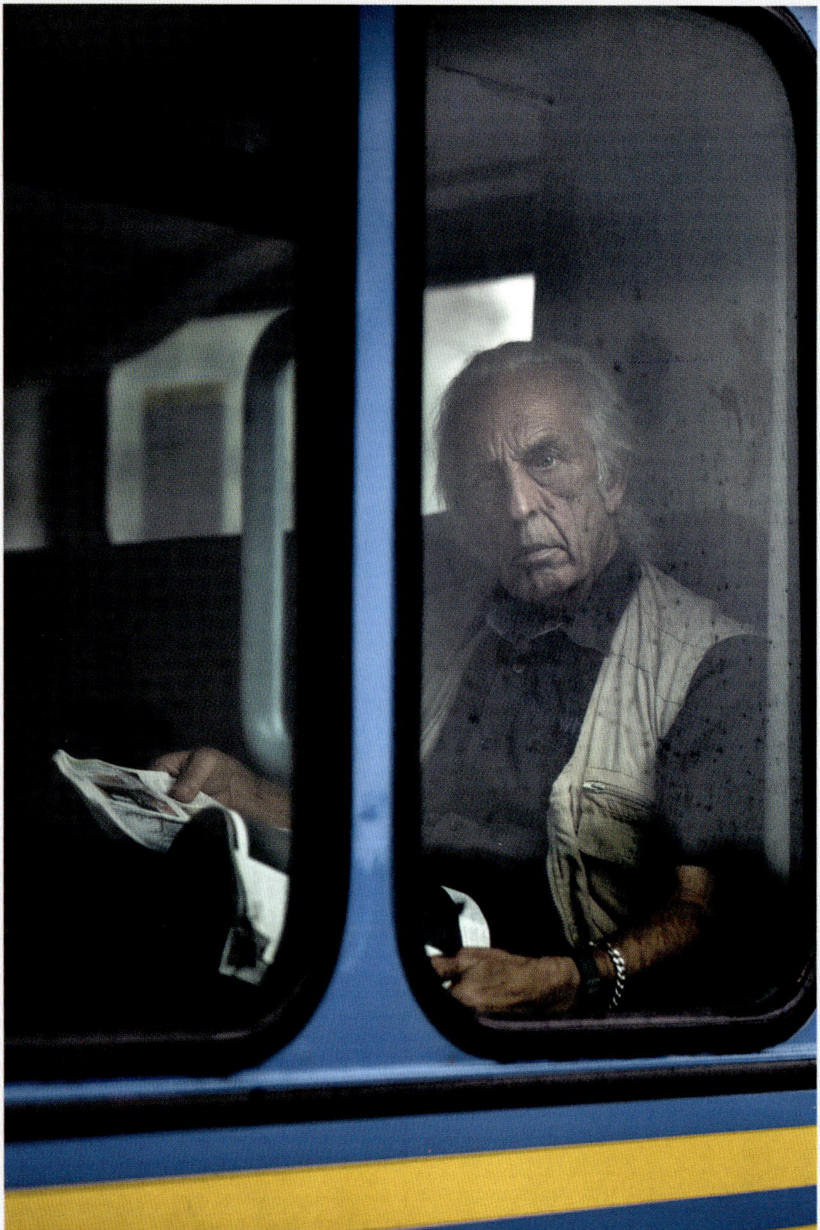

Ob diese Person einen ansieht oder nicht, lässt sich nicht genau sagen. Es hat etwas Geheimnisvolles an sich.
Cambridge, 2017

7/

Trau dich

Sei selbstbewusst und lass deine Bedenken zu Hause, sie hemmen dich nur

Manchmal hat man ein komisches Gefühl, bevor man ein Foto macht: Der Magen krampft, der Adrenalinspiegel steigt – eine Art Kampf-oder-Flucht-Reaktion. Das mag man als Sozialphobie empfinden. Dann dreht der Verstand durch und feuert Fragen ab: Was wird diese Person von mir denken? Wie bringe ich mich in die richtige Position, ohne Aufmerksamkeit zu erregen? Ist das eine gute Idee? Es sind Signale des Gehirns, die uns sagen, dass wir gerade etwas Faszinierendes sehen, das wir unbedingt fotografieren müssen. Jetzt heißt es: nach vorne preschen und auf den Auslöser drücken.

Wenn ich Workshops gebe, werde ich immer wieder gefragt, wie man am besten mit dieser Scheu und den Bedenken umgehen kann. Jeder Streetfotograf macht diese Phase am Anfang durch; man muss sie durchleben, um daraus zu lernen. Wer eine Weile auf der Straße fotografiert hat, hat bestimmt schon einige solcher

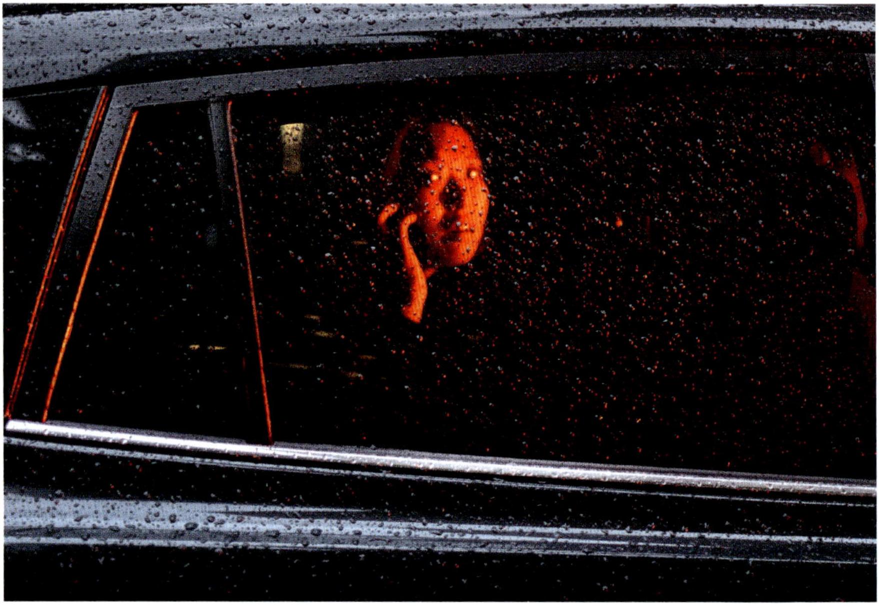

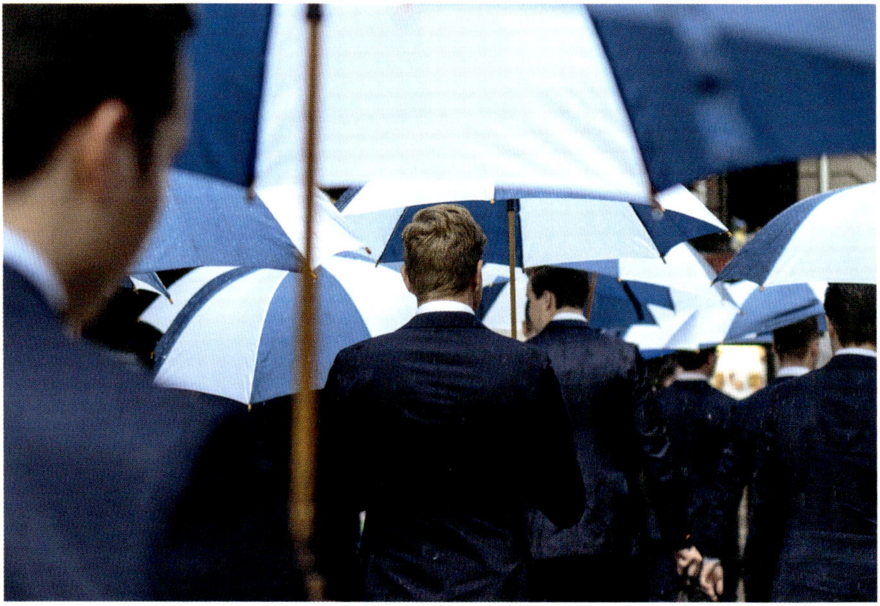

Sei stolz auf dein Tun! Bist du selbstbewusst, hinterfragen oder bemerken die Leute dein Tun gar nicht.
OBEN New York, 2019
UNTEN New York, 2019

Momente erlebt. Hat man solche Situationen durchlebt und genutzt, ist man ein anderer Fotograf und weiß, dass man eine solche seltene und interessante Szene mit einer oder mehreren Personen nicht aus Schüchternheit verpassen wird. Man kann diese Art anfänglicher Befangenheit erleben, überwinden und hinter sich lassen.

Ich erinnere mich an einen besonderen Moment – er geschah mit einem Busfahrer, der wütend und direkt in meine Kamera blickte: Als ich gerade mit dem Rad von der Arbeit heimfuhr, kam ich an ihm vorbei, woraufhin ich bremste und umkehrte. Ich hatte mir zuvor geschworen anzuhalten, wenn ich auch nur für den Bruchteil einer Sekunde bremste, weil ich ein gutes Motiv sah, da ich mich sonst ärgern würde. Das war das erste Mal, dass ich mich daran hielt, und ich erinnere mich genau daran, wie es sich anfühlte: als würden zwei Teile von mir miteinander kämpfen – der Fotograf, der einfach nur das Bild haben will, und der Mensch, der denkt: »Das wird krass, unangenehm oder gefährlich.« Wenn eine Aufnahme gefährlich scheint, sollte man auf diesen Instinkt hören; ist sie einfach nur unangenehm, muss man sich ihr stellen.

»Wenn jemand tut, als mache er etwas falsch, werden die Leute reagieren, als sei dies der Fall.«

Das können Situationen wie die mit dem Busfahrer sein, in denen man eine gewisse Feindseligkeit spürt, oder es kann schwierig sein, sich in die richtige Position zu manövrieren. Bei manchen Bildern ist es wichtig, dass die Person direkt in die Kamera schaut, also müssen wir ihre Aufmerksamkeit wecken und nach vorn gehen. Die Aufnahme ist mehr wert als die Meinung eines Fremden über uns, der vielleicht nur denkt: »Na, der war ja krass. Aber was soll's?« In den sieben Jahren meiner Tätigkeit als Streetfotograf habe ich nur eine einzige Person mit meiner Aufnahme verärgert und ich wurde nur zweimal darum gebeten, ein Bild zu löschen – beide Male sehr höflich.

Lerne, deine eigene Körpersprache wahrzunehmen, und vermeide es, lässig oder nachlässig zu wirken oder eine Hand in der Tasche zu haben. Wenn jemand sich so verhält, als würde er etwas Falsches tun, führt das zu Reaktionen, als wäre dies der Fall. Ein Lächeln kann viel bewirken! Ich habe eine Aufnahme aus New York, auf der nur Männer in Anzügen zu sehen sind, die Regenschirme halten. Zuerst waren zwei dabei, die ich nicht fotografieren wollte, da sie keine Anzüge trugen. Also stellte ich mich zwischen sie und die Anzugträger. Ich drehte mich zu ihnen um und lächelte sie an. Auch sie bemerkten, dass es eine interessante Komposition war und baten mich sogar um einen Abzug.

Bei Junggesellenabschieden oder ähnlichen Anlässen gibt es immer wieder Leute, die aus dem Getümmel heraus blicken und sehen, dass man fotografiert. Ihr Blick schickt die Botschaft: »Ja, ich möchte ein Foto davon, weil es lustig ist.« Und schon hat man den Bildausschnitt! Darum geht es: beobachten, Situationen interpretieren und spielerisch ausloten. Auch kleine Tricks unterstützen die Kreativität: Manchmal bemerkt eine Person, dass ich sie ansehe, während ich mir eine Komposition überlege; allerdings möchte ich, dass niemand zu mir schaut. Wenn ich dann meine Kamera in die Hand nehmen würde, würde genau das passieren. Also versuche ich, unerkannt zu bleiben. Ich gehe vorbei, warte ein paar Sekunden, drehe mich dann um, um schnell ein Foto zu machen, oder nehme mein Handy heraus und warte, bis ich mit dem Hintergrund verschmolzen und somit zum Straßeninventar geworden bin. Sobald einen die Leute vergessen haben, kann man das Foto machen und weiterziehen.

Auch die Dynamik lässt sich verändern. Stell dir vor, dass du deinen Bildausschnitt im Visier hast und nur noch darauf wartest, dass jemand Passendes vorbeikommt. In solch einer Situation wissen die Leute, was man tut; wenn sie also durchs Bild laufen, tun sie das bewusst und man kann so viele Fotos machen, wie man will. An Orten wie Großbritannien sind die Menschen sehr höflich. Manchmal wartet man darauf, dass eine Person durchs Bild läuft, doch sie bleibt stehen, da sie dich fotografieren sieht und Rücksicht nehmen will. In solchen Momenten nehme ich die Kamera runter, lächele und zeige ihnen damit, dass es in Ordnung ist weiterzugehen. Sobald sie dann auf gleicher Höhe mit mir sind, nehme ich die Kamera wieder hoch und mache die Aufnahme. Das ist eine einfache Übung für den Anfang: erst den Bildausschnitt festlegen und dann die Leute durchlaufen lassen. So besteht kein Risiko, jemanden zu verägern, da es offensichtlich ist, was man tut.

Wer sich sicherer auf der Straße fühlen möchte, muss dort viel Zeit verbringen. Dazu braucht es nicht einmal eine Kamera, man kann einfach herumlaufen und die Welt beobachten. Sportler und Gamer sprechen davon, »in seinem Element« zu sein, und das ist nicht viel anders. Hat man dort viel Zeit verbracht, beginnt man vorauszuahnen, was passieren wird. Man entwickelt ein Bauchgefühl für den richtigen Moment, um die Kamera zu heben – und alles kommt zusammen.

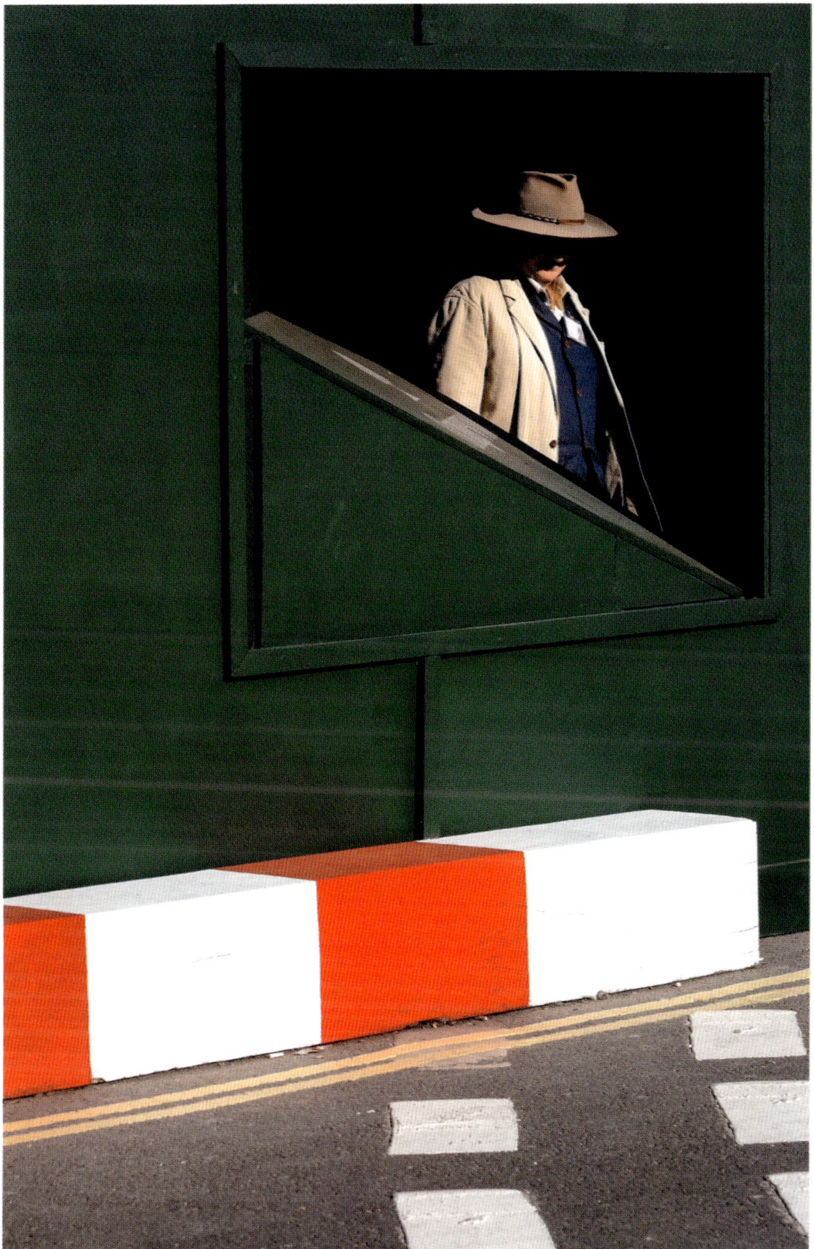

Nach einer Weile denkt man nicht mehr viel über die Leute nach. Sie sind ebenso Teil der Szenerie wie man selbst.
London, 2017

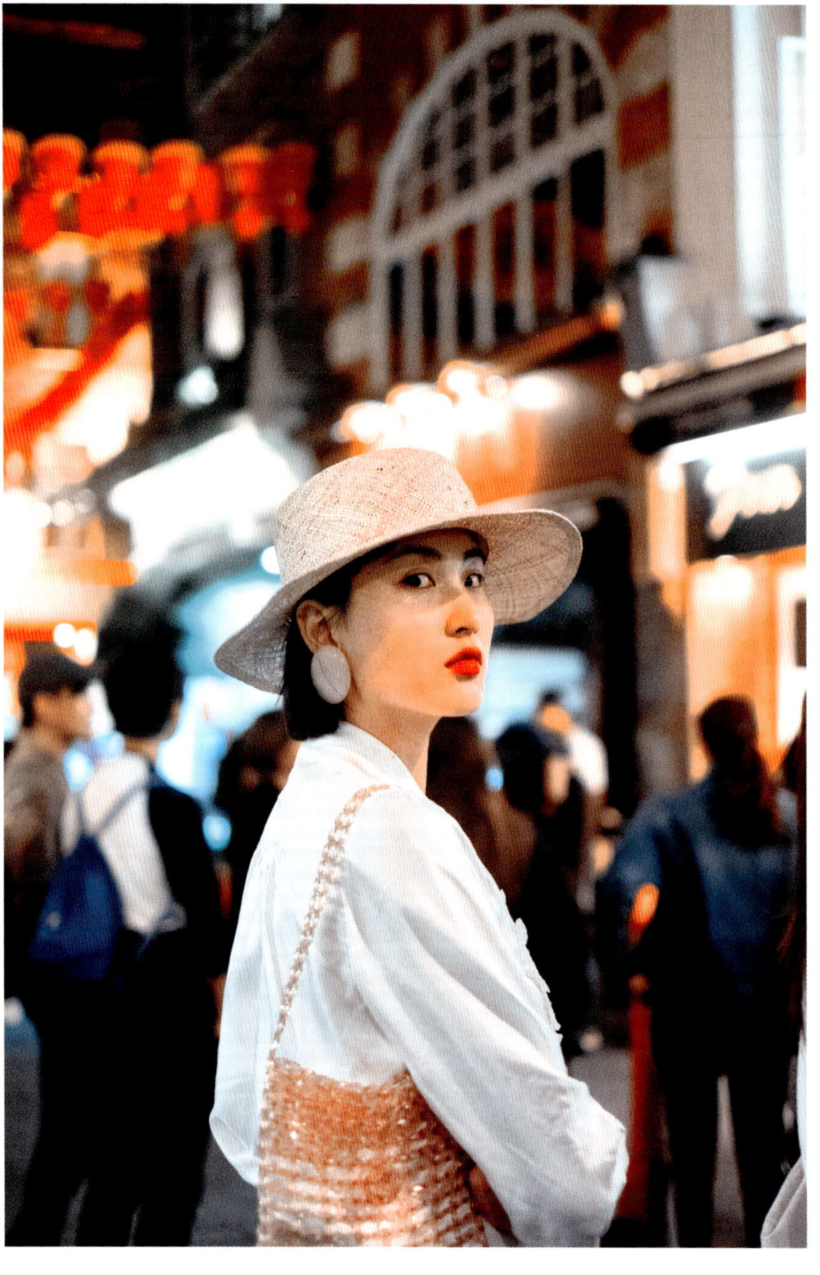

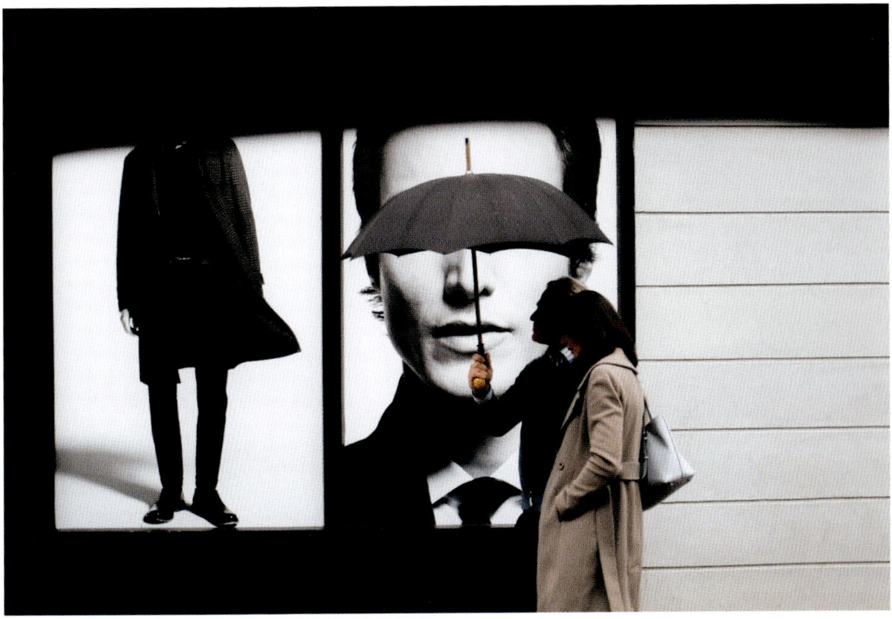

»Wenn eine Aufnahme gefährlich scheint, sollte man auf diesen Instinkt hören; ist sie einfach nur unangenehm, muss man sich ihr stellen.«

Manchmal ist das Festhalten sozialer Spannung das A und O einer Aufnahme; ein andermal verschmilzt man am besten mit dem Bild.

LINKS
London, 2018

OBEN
Cambridge, 2018

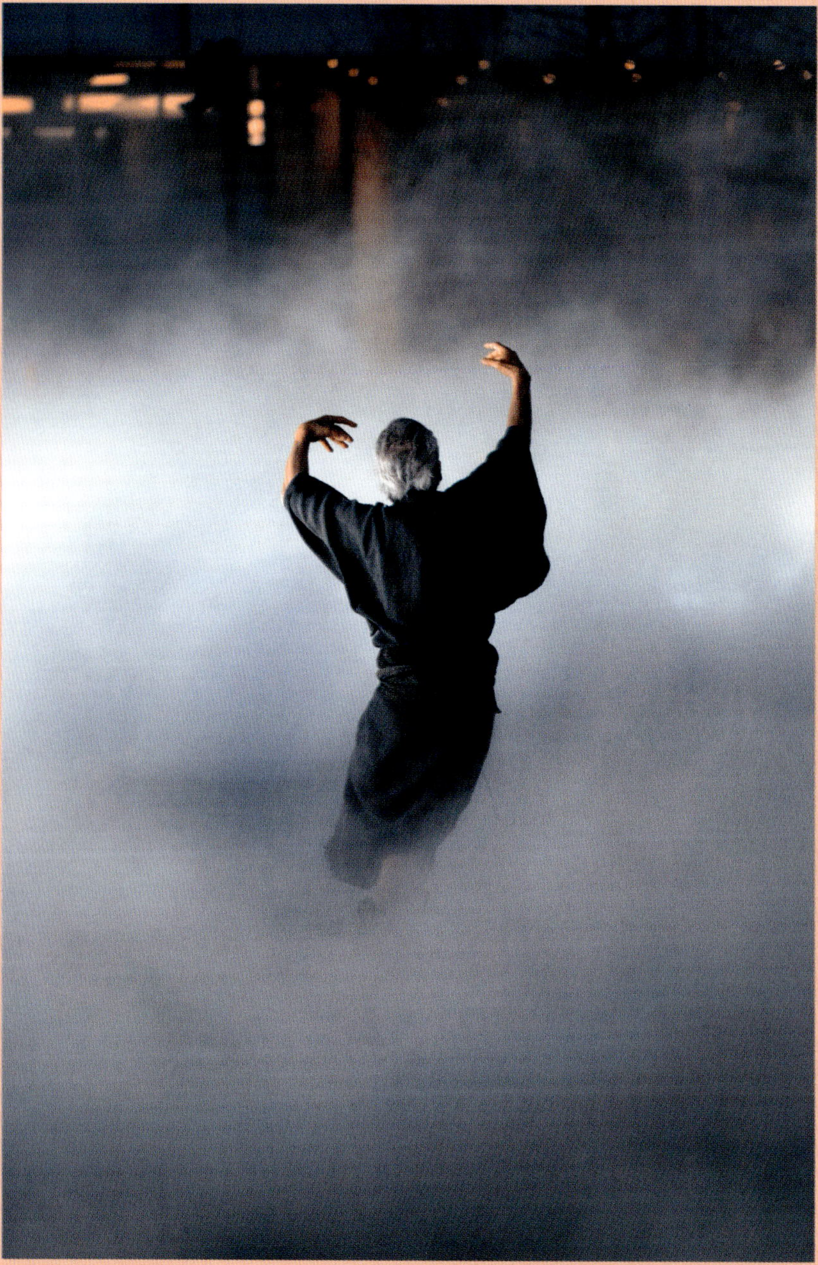

Die Dramatik dieser Aufnahme wäre dahin, wenn ich auch nur den Bruchteil einer Sekunde früher oder später abgedrückt hätte.
London, 2017

8/

Erkenne Einmaliges

Ob menschlich oder dinglich: Halt die Augen offen und erfasse unwiederbringliche Ereignisse

Im Jahr 1967 fällt ein Mann auf einem Pariser Bürgersteig um und bleibt rücklings liegen. Der legendäre amerikanische Streetfotograf Joel Meyerowitz war zufällig mit seiner Leica vor Ort und hielt fest, was dann passierte: Ein Radfahrer bleibt mitten im Verkehr stehen und sieht sich nach dem Vorfall um; ein Arbeiter steigt vorsichtig über den liegenden Mann hinweg. Mehr als fünf Jahrzehnte später wird der New Yorker Fotograf auf dieses Foto zurückblicken als eines, auf das er am stolzesten ist. Es ist eine Szene, in der wenig und doch alles passiert – das Drama des Lebens, das in den unterschiedlichen Reaktionen der einzelnen Passanten offenbar wird und zeigt, wie Menschen miteinander in Beziehung treten – oder eben nicht.

Fallen Man, so der Bildtitel, ist genau die Art von Zufallsfoto, an die man bei Streetfotografie denkt. In mancher Hinsicht ist es ein ganz anderer Ansatz als meiner, denn anstatt mich auf die Jagd

Volltreffer: Dieser Mann sah unter seinem Regenschirm hervor, als der Krankenwagen vorbeifuhr.
New York, 2019

nach solchen Großstadttragödien zu begeben, kreiere ich Bildkompositionen lieber mit Farbe, Form und Geometrie. Ich nehme Menschen hinzu, um die Aufnahme abzurunden. Doch auch in meiner Arbeit spielt der Zufall eine Rolle. Manchmal habe ich eine überzeugende Komposition vorbereitet, und dann geschieht plötzlich etwas völlig Einzigartiges, das ich nicht ignorieren kann und möchte. Inzwischen bin ich in der Lage, solche Kompositionen zu erahnen, und kann dadurch viel schneller auf einen einzigartigen Moment reagieren – zum Beispiel, wenn ich aus der Ferne sehe, dass etwas passieren wird, und dann losrenne, um die Aufnahme zu machen. Ich warte nicht sehr lange an einem Ort – in der Regel nicht länger als eine halbe Stunde – und komme lieber später dorthin zurück.

»Frage dich immer, welche Kompositionsmöglichkeiten du in genau diesem Augenblick hast.«

Ein bestimmtes Foto, das ich in New York machte, illustriert sehr gut, wie ich mit dem Zufall arbeite: Ich stand auf der Straße, als plötzlich ein Krankenwagen vorbeikam. Er hielt an und ich machte ein paar Aufnahmen von einer jungen Frau in einem Auto, durch dessen Scheibe das Licht des Krankenwagens fiel. Ich dachte: »Das war's«, und ging weiter, bis ich den Mann sah, der unter einem Regenschirm am Eingang des NBC-Gebäudes stand. Ich fragte mich: Was kann ich damit komponieren? In dem Moment fuhr der Krankenwagen wieder los, doch zu diesem Zeitpunkt hatte ich die Komposition fertig, ich brauchte nicht einmal hinzusehen! Ich hörte die Sirene und wusste, was passieren würde. Meine Absicht war aber auch dem Mann vor dem NBC-Gebäude klar und er hielt den Regenschirm tiefer, um sein Gesicht zu verdecken. Ab und zu hob er ihn hoch, schaute, ob ich die Kamera immer noch auf ihn richtete, und in einem dieser Momente traf das Licht der Rundumleuchte sein Gesicht – die Aufnahme war perfekt. Vermutlich war ich nur 30 Sekunden vor Ort, aber das hatte gereicht.

Als ich in London mit einem anderen Fotografen unterwegs war, machte ich dieses Foto mit einer Frau, die einen Niqab trägt; nur ihre Augen sind zu sehen. Sie stand zufällig direkt vor einer Werbetafel, deren aufgerissene Deckschicht ein darunter befindliches zweites Augenpaar enthüllte. Wie beim vorigen Bild ist auch diese Fotografie eine Mischung aus Vorbereitungen, meiner Platzierung am richtigen Ort und dem unvorhersehbaren Warten auf eine Person, die die Aufnahme vervollkommnet. Hier wäre eine etwas bessere Komposition möglich gewesen, doch aufgrund unserer Position gab es zu diesem Zeitpunkt keine andere Möglichkeit. Wenn wir weiter hinten gestanden hätten, wäre der Text der Werbetafel mit ins Bild gekommen, der lautete: »Behalten Sie's im Auge«. Der Fotograf, der mich begleitet hatte, kam am nächsten Tag wieder und wartete dreieinhalb Stunden, um eine Aufnahme zu machen, bei der der Text im Bild ist und eine andere Frau im Niqab direkt in die Kamera sieht.

Wenn man etwas Besonderes erlebt und es nicht schafft, eine Aufnahme zu tätigen, macht man sich anfangs Vorwürfe. Der Grund mag gewesen sein, dass man vielleicht die Kamera nicht in der Hand oder nicht eingeschaltet hatte oder dass man nicht schnell genug war. So etwas kann entmutigen. Ist einem allerdings nur eine Geste entgangen, ist es sehr wahrscheinlich, dass die Person drei Sekunden später genau das Gleiche tut – Menschen wiederholen ihre Handlungen. Es lohnt sich immer, zu warten und die Kamera noch einmal zu zücken. Ich erinnere mich an eine verpasste Aufnahme in der Londoner U-Bahn. Ein Paar küsste sich und dabei verschwanden die Gesichter hinter einer der Stangen, an denen sich Fahrgäste festhalten können. Ich dachte, das würden sie nicht noch einmal tun, nahm aber trotzdem meine Kamera in die Hand – und sie taten es! Ein andermal wollte ich durch eine Glasscheibe fotografieren und wartete geduldig darauf, dass auf der anderen Seite etwas Passendes auftauchte; dann kam plötzlich jemand und trug sie weg – nur um sie Sekunden später wieder zurückzustellen, sodass meine Frustration zum Glück nur von kurzer Dauer war.

Meistens sind jedoch nicht die Menschen der Zufallsfaktor in meinen Bildern, sondern Dinge wie eine Lichtquelle oder eine wechselnde Leuchtreklame. In jedem Fall muss es etwas sein, das nie wieder auf genau dieselbe Art passieren wird. Das reduziert die Wahrscheinlichkeit, dass ein anderer Fotograf kommen und dieselbe Aufnahme reproduzieren könnte. Was zählt, ist Originalität und dafür sitzt man oft wartend da, bis sich etwas Originelles offenbart. Doch nicht alle Zufallsmomente ergeben großartige Bilder und daher solltest du dich immer fragen, welche Kompositionsmöglichkeiten du hast. Vielleicht tut jemand etwas Interessantes, aber der Hintergrund ist zu chaotisch, das Interessante hebt sich nicht davon ab. So ungewöhnlich eine Szene auch sein mag: Das allein reicht nicht aus, denn die Aufnahme muss gut komponiert sein. Verschaffe dir also vorher einen Überblick über deine Möglichkeiten!

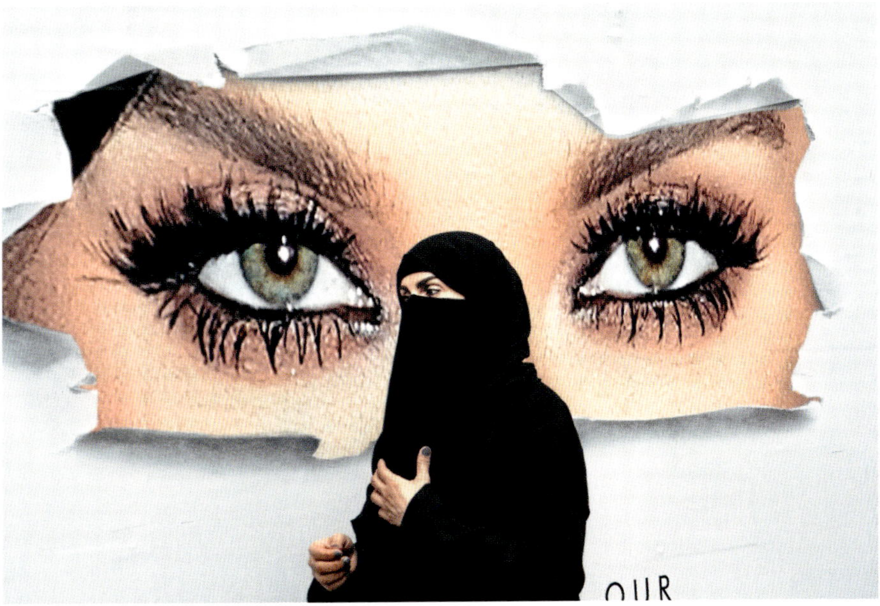

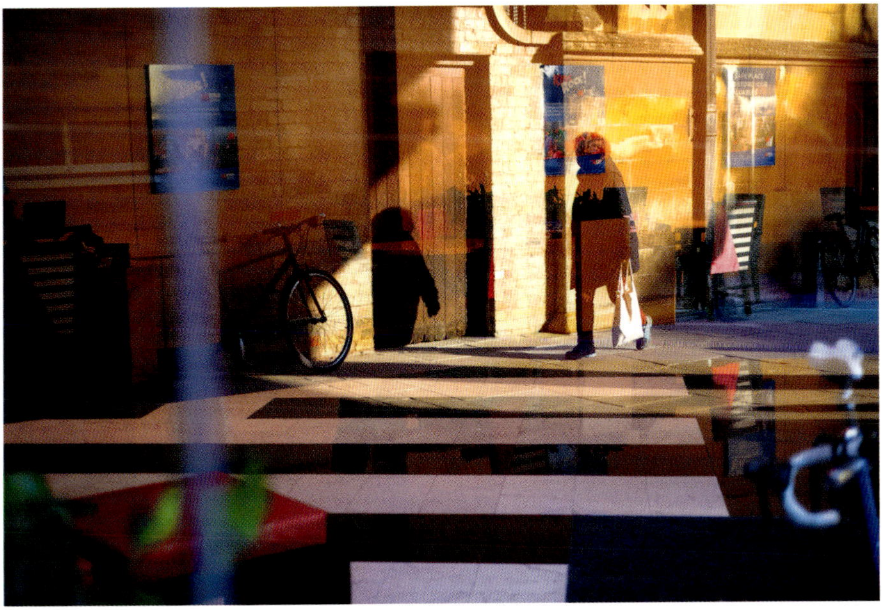

Such dir eine Reklame oder einen Straßenabschnitt, der dich anspricht, und spiele im Kopf verschiedene Szenarien durch.
OBEN London, 2017
UNTEN Cambridge, 2018

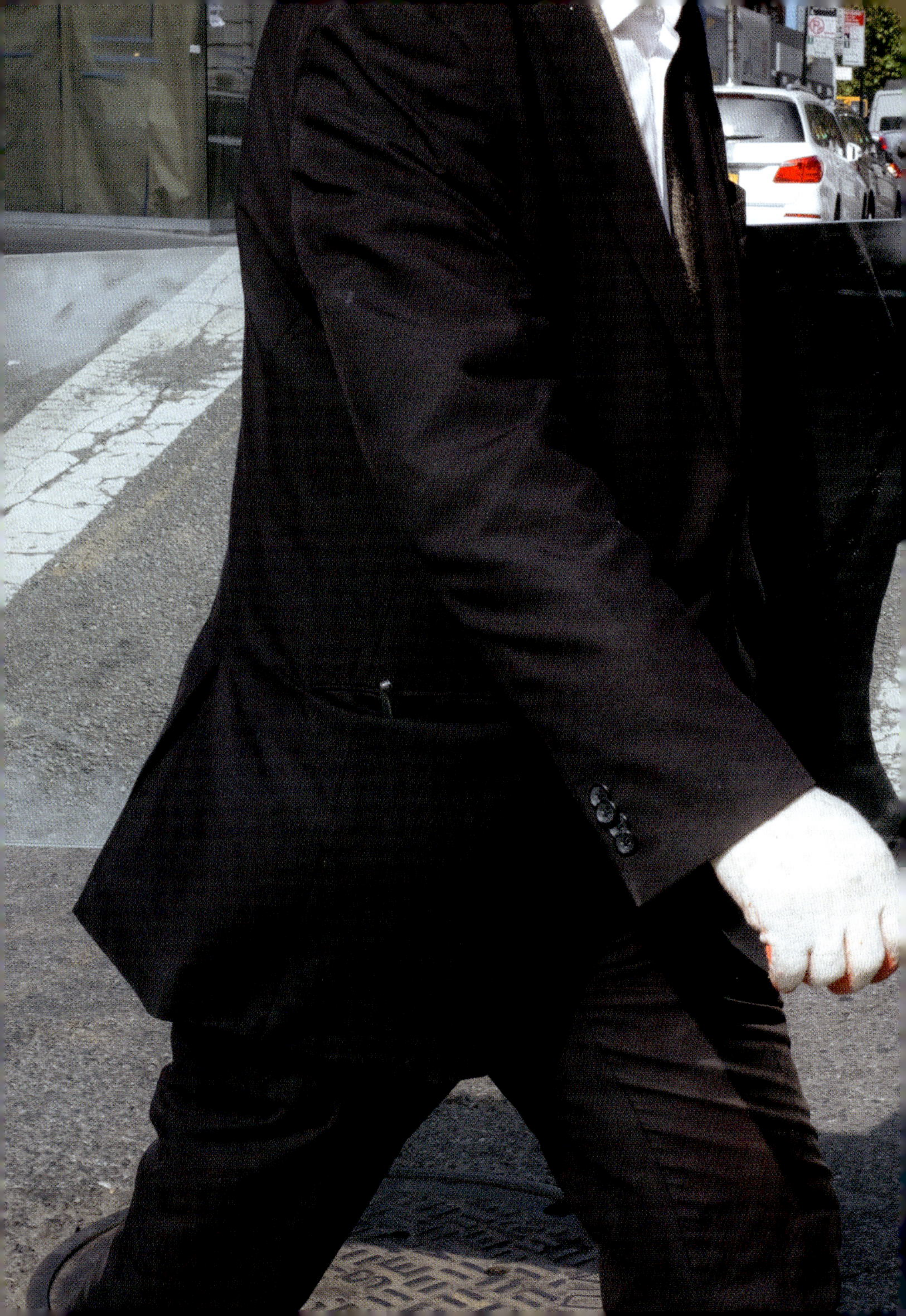

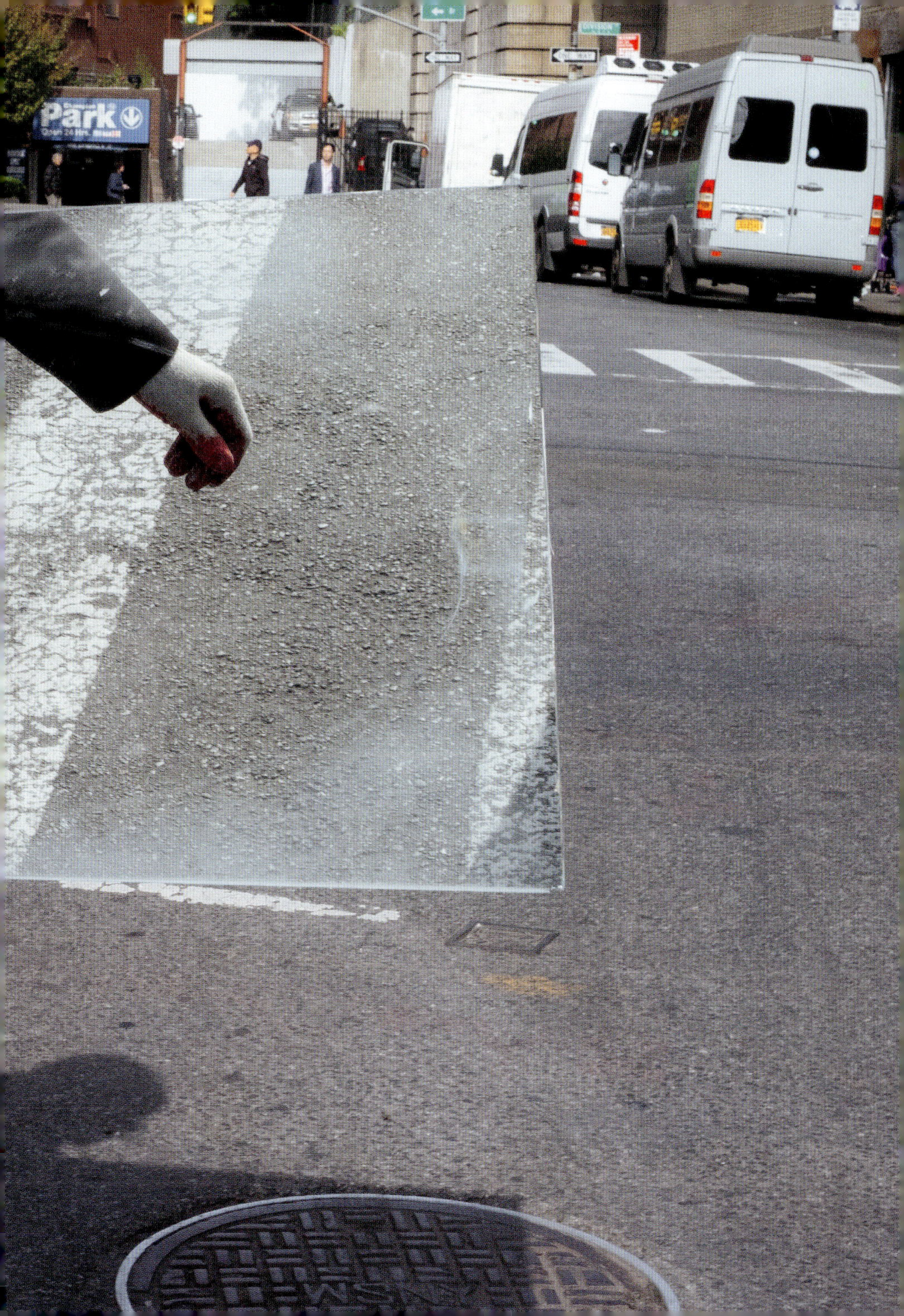
Park

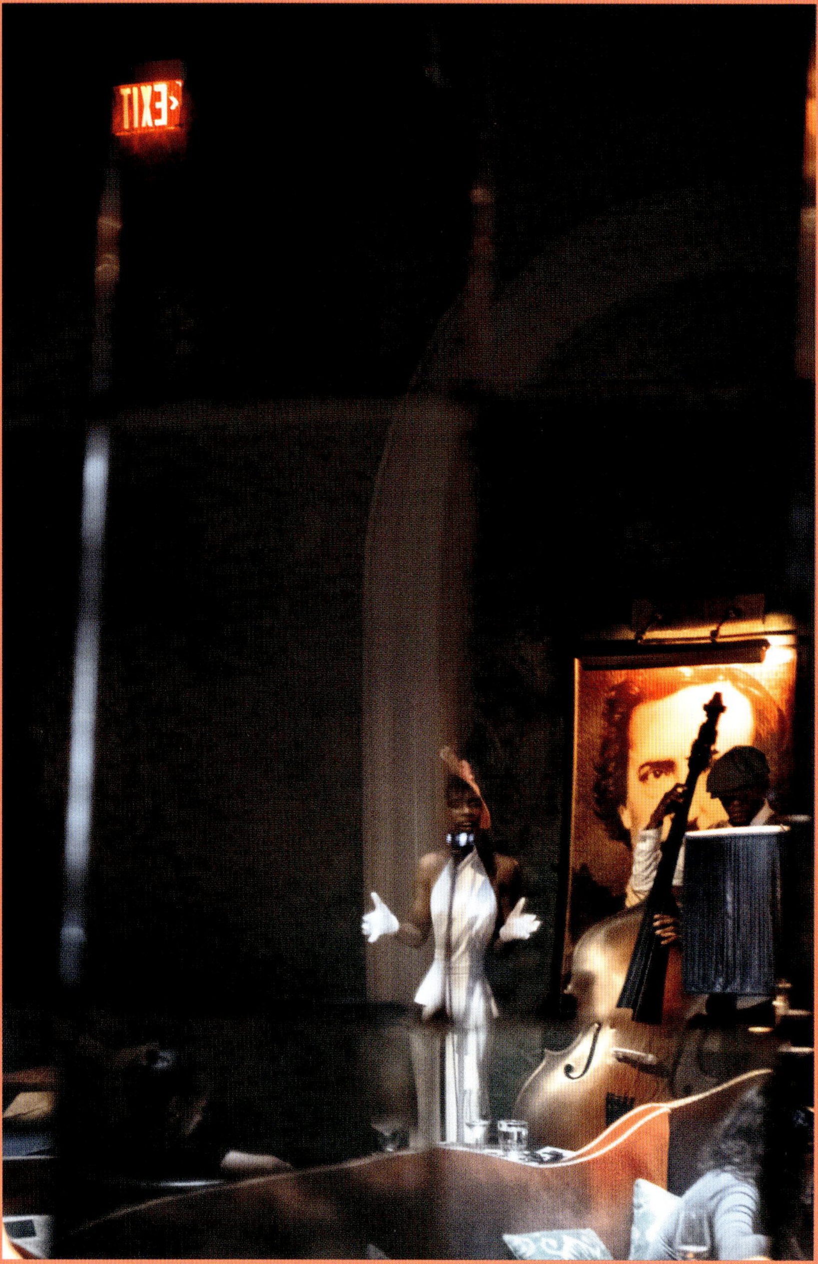

Gibt es visuelle Anhaltspunkte, um dieses Bild einer bestimmten Zeit zuordnen zu können, oder nicht?
New York, 2019

9/

Schaue mit Rückblick

Verleihe deiner Arbeit Bestand und zeige Gegenwärtiges, das vielleicht bald Vergangenheit ist

Manchmal denke ich, dass die heutigen Smartphones der Fluch der Streetfotografen sind. Da ich möchte, dass meine Bilder zeitlos wirken, liebe ich Regenschirme – und da bin ich nicht der Einzige. Viele Streetfotografen fotografieren gern im Regen, weil die Leute dann ihre Telefone wegstecken. Sie haben die Hände mit anderen Dingen voll, sie tun etwas, bewegen sich schneller – es ist was los.

Natürlich kann ein Foto, auf dem ein Smartphone zu sehen ist, trotzdem ein gutes Bild sein. Es gibt keinen Grund, es völlig zu verbannen, schließlich gehört es heute zum Leben dazu. Manchmal ist es sogar hilfreich, wenn du zum Beispiel bei schlechten Lichtverhältnissen arbeitest und eine schöne Aufnahme machst, weil das Gesicht einer Person vom Telefondisplay beleuchtet wird. So etwas wäre vor den 2000er-Jahren nicht möglich gewesen. Allerdings ist jemand, der auf der Straße steht und nur auf sein Handy schaut, kein

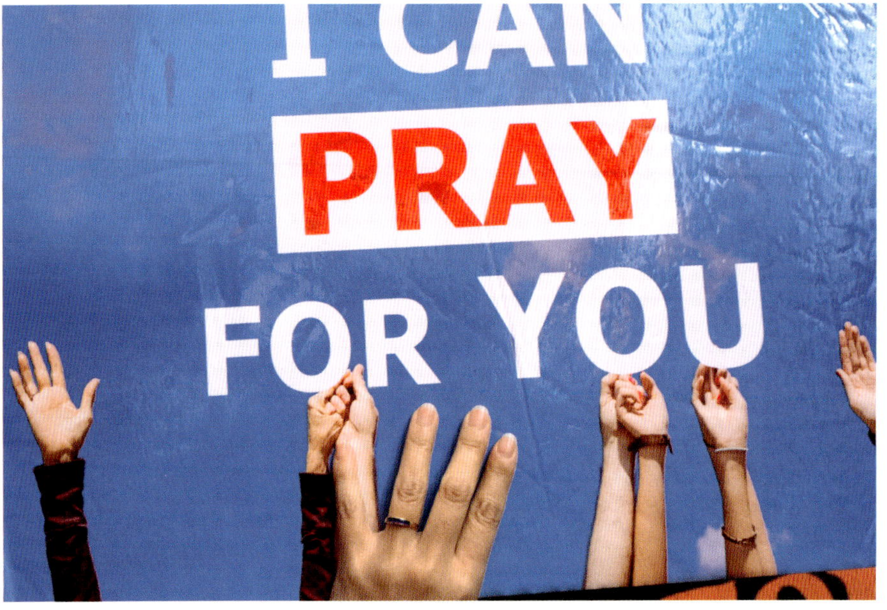

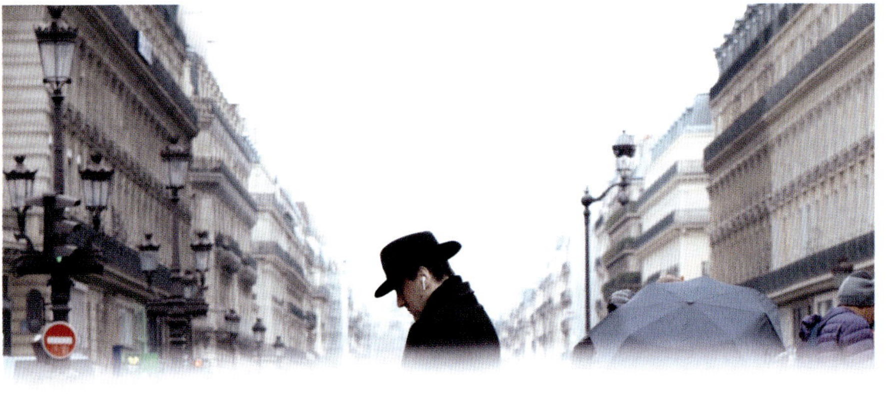

Diese Aufnahmen haben eine historische Relevanz, weil sie Vergangenes in den Blickpunkt rücken.
OBEN New York, 2018
UNTEN Paris, 2018

interessantes Motiv, da braucht es mehr. Zum Beispiel, dass diese Person auf dem Display etwas Interessantes sieht, das sich in ihrer Brille spiegelt. In meiner Nähe gibt es einen großen Unicampus, wo ich beim Vorbeigehen schon einige Mal fünf, sechs, sieben Leute in einer Reihe stehen sah, alle mit exakt derselben Körpersprache: Kopf nach unten, Nacken gebeugt, Blick starr aufs Handy gerichtet – ein Foto davon steht aber noch aus.

»Versuche, das Geschehen durch einen imaginären Sucher von der Zukunft aus zu betrachten.«

Solche Aufnahmen sind besonders interessant, da sie Verhaltensmuster in den Blickpunkt des Betrachters rücken, die für unsere heutige Zeit charakteristisch sind. Versuche, das Geschehen wie von der Zukunft aus zu betrachten – durch einen imaginären Sucher. Was würde jemandem in zehn oder 50 Jahren an deinen Bildern auffallen? Um noch einmal auf Smartphones zurückzukommen: Eine einzelne Aufnahme einer Person mit ihrem Telefon reicht nicht! Es gibt unzählige ähnliche Bilder aus den 1990er-Jahren bis heute, die nur interessant sind, wenn die abgebildete Person interessant ist. Trägt sie etwas Typisches aus einer Zeit? Hat sie einen riesigen Ghettoblaster dabei? Technik, Mode und Werbeschilder wirken garantiert schnell retro. Obwohl dies nicht im Vordergrund meiner Arbeit steht, achte ich bewusst auf solche Dinge, vor allem, wenn ich sie auf subtile Weise einsetzen kann, wie in einem Bild von 2018: Ein Mann mit dunklem Trilby-Hut läuft durch die Pariser Architektur des 19. Jahrhunderts, in den Ohren – gerade noch erkenntlich – Apple AirPods der ersten Generation.

Ich mag es, über die langfristige Bedeutung eines Bildes nachzudenken. Auch wenn es heute noch nicht so offensichtlich ist, könnte es später als wertvoll angesehen werden. Vielleicht kann es dieses Bild eines Tages – auch wenn es mich nicht mehr gibt – in ein Buch schaffen, weil es einen so starken Kontrast zur Gegenwart abbildet. Ich habe eine Menge Fotos vom Times Square, auf denen Menschen Plakate mit religiösen Slogans hochhalten. Auf einem hält jemand ein Plakat mit »Jesus kann helfen« vor eine Werbung mit einem Mann, der um Hilfe bei der Finanzierung einer neuen Niere bittet. Auf einem anderen Bild hält eine Frau ein Schild mit erhobenen Armen in der Hand. Ihre Finger haben die gleiche Größe wie die abgebildeten Arme. Damals fand ich das einfach nur lustig. Aber wer weiß, was passiert? Wenn sich das politische Klima ändert, wird es eine andere Bedeutung haben. In Großbritannien ist die Regierung gerade dabei, Proteste im öffentlichen Raum einzuschränken, und vielleicht wird es irgendwann geschehen, dass es so etwas gar nicht mehr gibt.

Bilder von Rauchern in einem Flugzeug verdeutlichen die Komponente der Zeit: Was früher normal war, wirkt heute manchmal krass und unglaubwürdig. Als Streetfotograf kann man ein Gefühl dafür entwickeln, was sich verändern könnte. Vor allem Städte unterliegen stetem Wandel – das macht sie zu einem Magneten für Fotografen. Der Streetfotograf Stephen Leslie machte 2018 ein Foto des HMV-Flagship-Stores in der Londoner Oxford Street. Es zeigt einen Mann in Bowlerhut und elegantem Mantel, der vor der großen Ladenfront im Schnee steht; über ihm befindet sich das klassische HMV-Schild. 2022 machte er eine weitere Aufnahme mit genau demselben Bildausschnitt: Das HMV-Schild war fort, nun befand sich dort ein kleiner Süßwarenladen; von der einstigen Pracht blieb nur ein Farbklecks der alten Front. Doch auch das ist inzwischen Geschichte, denn der HMV Store kehrte 2023 dorthin zurück – nur ein Beispiel für den Wandel und die Schnelllebigkeit der Städte.

Eine Aufnahme von jemandem, der im Londoner West End einfach herumsteht, wird in fünf Jahren natürlich anders aussehen. Doch es wird viele solcher Aufnahmen geben und daher ist es wichtig sicherzustellen, dass Bilder die Zeiten überdauern. Sie sollten etwas Interessantes aussagen oder zeigen, etwas Einmaliges, das niemand sonst gesehen oder getan hat – sie müssen für sich stehen.

»Was würde jemandem in zehn oder 50 Jahren an deinen Bildern auffallen?«

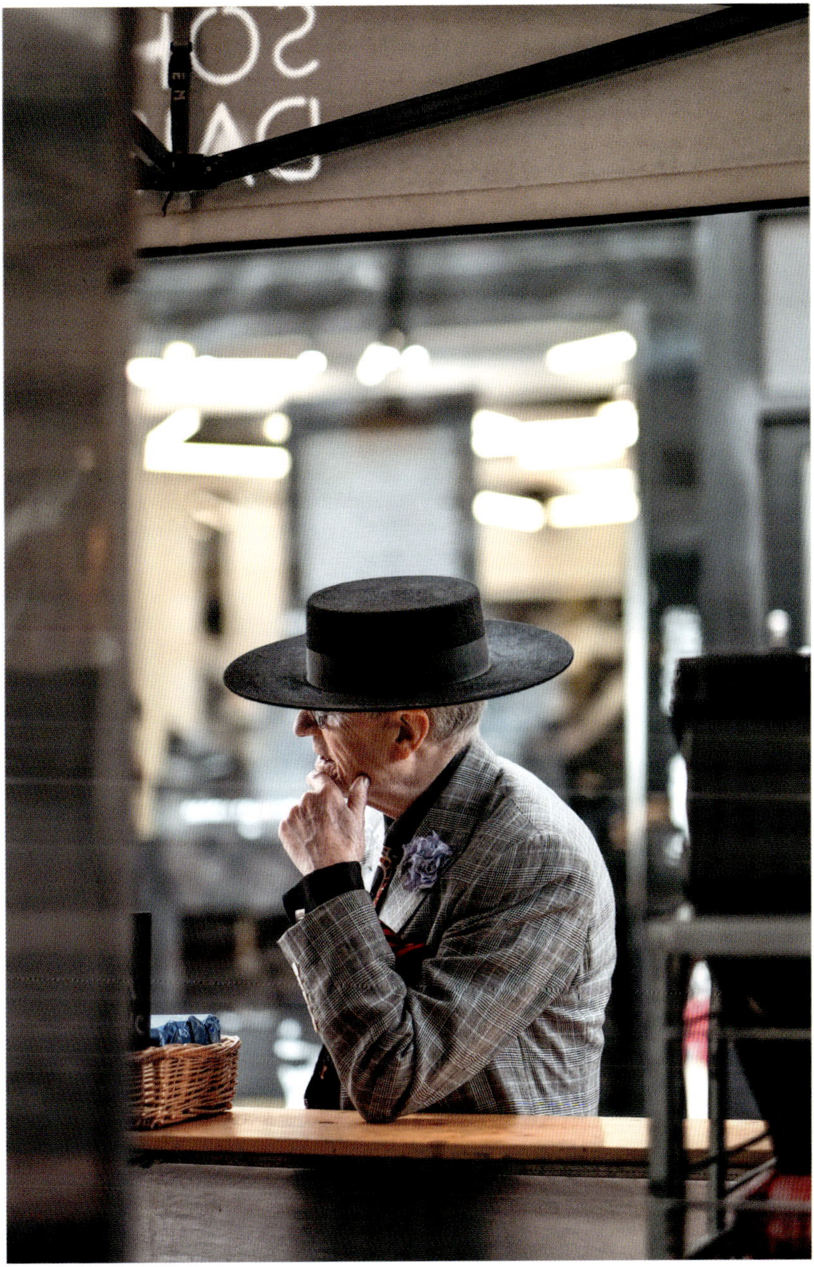

Halte deine Stadt nicht für selbstverständlich. Sie wird sich im Handumdrehen verändern – und mit ihr auch die Menschen.
London, 2017

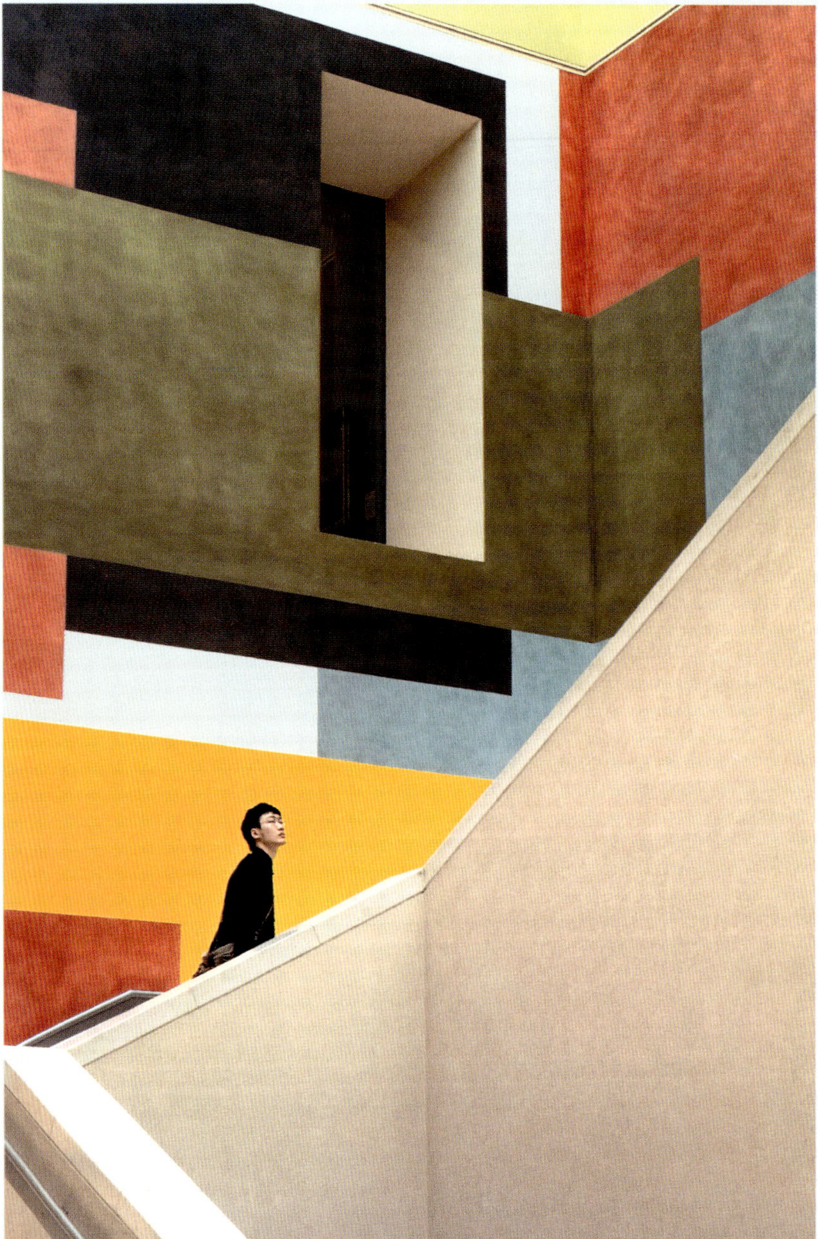

Bei der Bildkomposition ist es entscheidend, die Elemente so anzuordnen, dass der Betrachter weiß, wohin er schauen soll.
London, 2017

10/

Führe durchs Bild

Bestimme den Fokus des Bildes und führe den Betrachter mit deiner Komposition dorthin

Als Fotograf ungestellte Bilder zu machen, bedeutet nicht, dass man die Umgebung passiv beobachtet. Die vier Bildrahmenkanten – wo und in welchem Verhältnis man sie zum Sujet positioniert und wie man das Gerahmte darin ausrichtet – stehen für kreative Entscheidungen. Die Komposition entscheidet über Erfolg oder Misserfolg eines Fotos – ein interessantes, aber schlecht komponiertes Ereignis ist nichts wert, sondern vergeudete Zeit und Mühe. Ein banaler Moment kann in den Händen eines Fotografen mit geschultem Auge zu etwas Außergewöhnlichem werden. Mach dich also mit den Grundlagen der Komposition vertraut und nutze sie, um den Betrachter auf eine visuelle Reise zu schicken.

Eine Google-Suche führt schnell zu seitenlangen Artikeln über »Kompositionsregeln«. Das Prinzip dieser Regel ist, dass man ein Motiv nicht einfach in die Bildmitte setzt (auch wenn das manchmal funktioniert – Regeln sind ja dazu da, um gebrochen zu werden),

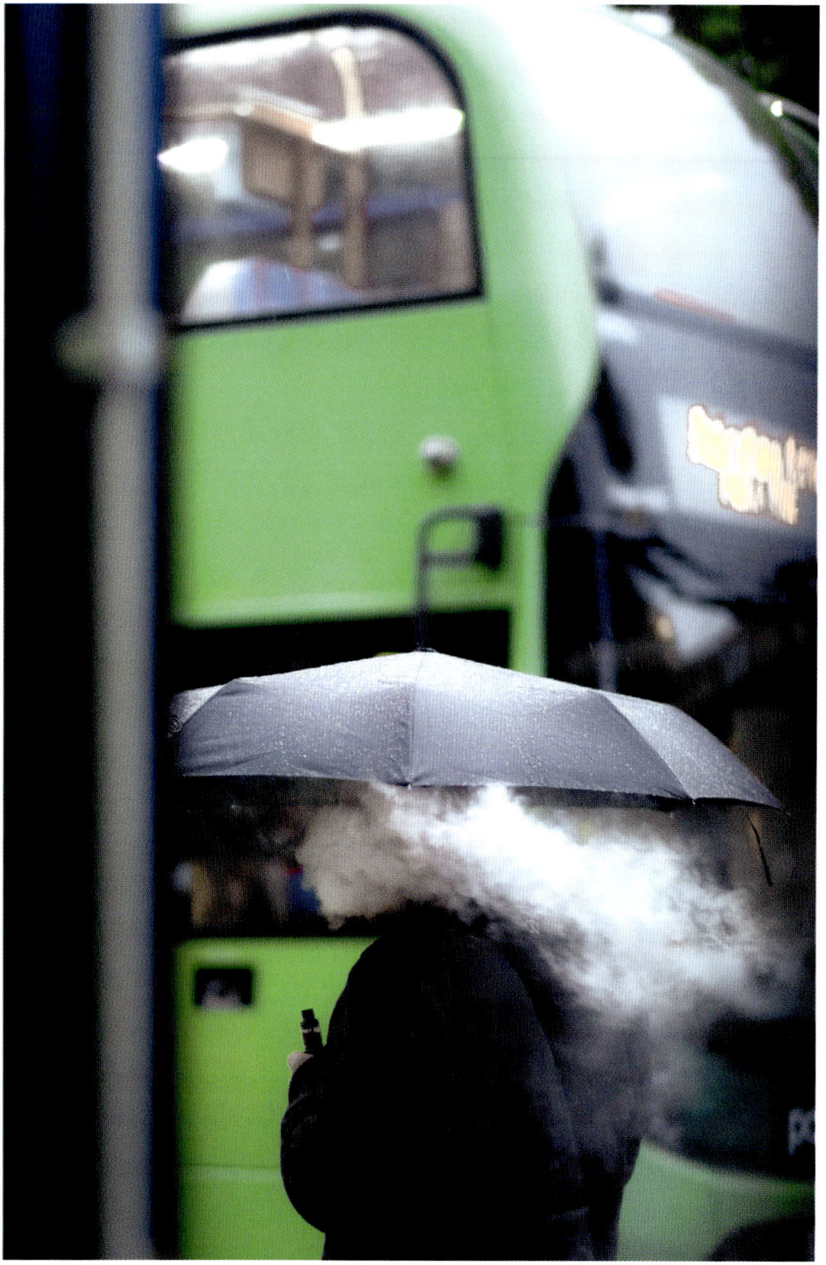

Benutze Gebäude, Figuren oder Fahrzeuge – wie diesen Bus –, um das Bild in Segmente aufzuteilen.
Cambridge, 2018

sondern genau überlegt, wie man den Blick des Betrachters lenken kann, sodass er das wichtigste Element des Bildes erfasst. Bei einer guten Komposition geht es auch um ein Gefühl der Ausgewogenheit und das Bild sieht somit intuitiv richtig aus.

Meine Aufnahmen erzählen in der Regel keine Geschichte, es ist mir allerdings wichtig, eine gewisse Magie zu vermitteln. Teil meiner bevorzugten Komposition sind »Führungslinien«, die durch Architekturen, Landschaftsformen oder die Bewegung der Menschen entstehen können und das Auge des Betrachters auf das Hauptmotiv lenken. Am besten nimmt man sich anfangs jeden Tag nur eine Regel vor. Manche Regeln werden einem ganz natürlich vorkommen, sodass man sie sofort anwenden kann. Und es kann passieren, dass man in seinem Archiv nachsieht und feststellt, dass man unbewusst schon immer die »Drittelregel« oder die »Quotenregel« angewendet hat. Ich habe eine Aufnahme, auf der die Front eines alten, roten Londoner Routemaster-Busses zu sehen ist, die den Großteil des Bildes einnimmt. Ich hätte zwar sauberer komponieren können, habe sie aber absichtlich mit einbezogen, weil sie den Betrachter zum Bildmotiv führt: ein Mann, der sich wie eine Silhouette im Busfensterrahmen abzeichnet. Es gibt eine weitere Führungslinie, die den Betrachter in die andere Bildrichtung führt – ein wenig Unvollkommenheit ist großartig, wenn sie die Komposition unterstützt.

»Die Komposition entscheidet mehr als alles andere über Erfolg oder Misserfolg eines Fotos.«

Oft mache ich Kompositionen, bei denen ein Viertel oder ein Drittel des Bildes durch etwas verdeckt ist. Häufig liegt es daran, dass sich ein unschönes oder unpassendes Element im Bild befindet. Wenn ich z.B. an einer Kreuzung stehe und mich absichtlich hinter einer Ecke verstecke, um die Straße zu meiner Rechten auszublenden. Wenn ein Teil des Bildes verdeckt ist, liegt es meistens daran, dass ich versuche, Szenen zu vereinfachen, um minimalistische, ungewöhnliche Bilder zu schaffen, in denen Farbe, Licht und Formen dominieren. Viele Leute komponieren allzu offensichtlich, indem sie sich auf das – meist menschliche – Motiv konzentrieren. Angenommen, du gehst die Straße entlang und verfolgst ein tolles Motiv, das nicht plötzlich verschwinden wird. Die Straße ist vielleicht 100 Meter lang, also hast du viel Zeit, um alle notwendigen Entscheidungen zu treffen und deinen Bildausschnitt zu wählen. Wenn du die Straße nicht im Bild haben willst, musst du sie nicht hineinnehmen – es ist deine freie, künstlerische Entscheidung.

Lass dich nicht einschränken, egal was dich umgibt! Du kannst viele Objekte auf einer Straße finden, mit denen sich Störendes verdecken lässt – Werbetafeln, Laternenpfähle, sogar Menschen. Arbeitet man tagein, tagaus in derselben übersichtlichen Gegend, kann man bestimmte Elemente ausblenden, um unterschiedliche Bilder zu schaffen. Längere Objektive sind dafür ideal: Je länger das Objektiv ist, desto mehr kann man sich auf Details konzentrieren und diese in den Fokus rücken. Für mich ist ein langes Objektiv nicht unbedingt ein Mittel, um näher heranzukommen, sondern ein kreatives Werkzeug. Ich kann damit mehrere Ebenen zwischen mir und dem anvisierten Objekt aufnehmen. Um die beste Version eines Bildes zu erstellen, versuche ich es schon beim Aufnehmen zu bearbeiten.

Mein Bild von Kindern auf einer Schaukelinstallation in der Londoner Tate Modern ist ein gutes Beispiel für meine bevorzugte Komposition. Es gibt vier Linien: eine Stange, einen Handlauf, das Schaukelgerüst und das Gebäude. Zusammen ergeben sie einen Rahmen um die Kinder, der spiralförmig zu ihnen in der Mitte führt. Der Blick des Betrachters wird um den ganzen Bildrahmen herum gelenkt. So benutze ich »Führungslinien« und Rahmen im Rahmen (Kapitel 12). Hier fand ich zuerst den Rahmen, noch bevor sich jemand auf die Schaukel setzte. Der Rest der Szenerie war chaotisch. Die Installation, die sich mitten in der Tate Modern befand, wurde während ihrer Ausstellungszeit von vielen Leute fotografiert, doch von niemandem wirklich gut. Da ich wusste, dass meine Aufnahme die klarste Version des gesamten Bereichs darstellt, legte ich den Bildausschnitt fest und wartete auf das Bild.

Einige Regeln zu kennen, ist ein guter Anfang. Befolgt man diese Regeln, fühlt sich das Fotografieren bald »richtiger« an. Wie man zu seinem persönlichen Ziel kommt, spielt keine Rolle – man kann interessante Motive aufnehmen, die man erst danach freistellt.

»Ein banaler Moment kann in den Händen eines Fotografen mit geschultem Auge zu etwas Außergewöhnlichem werden.«

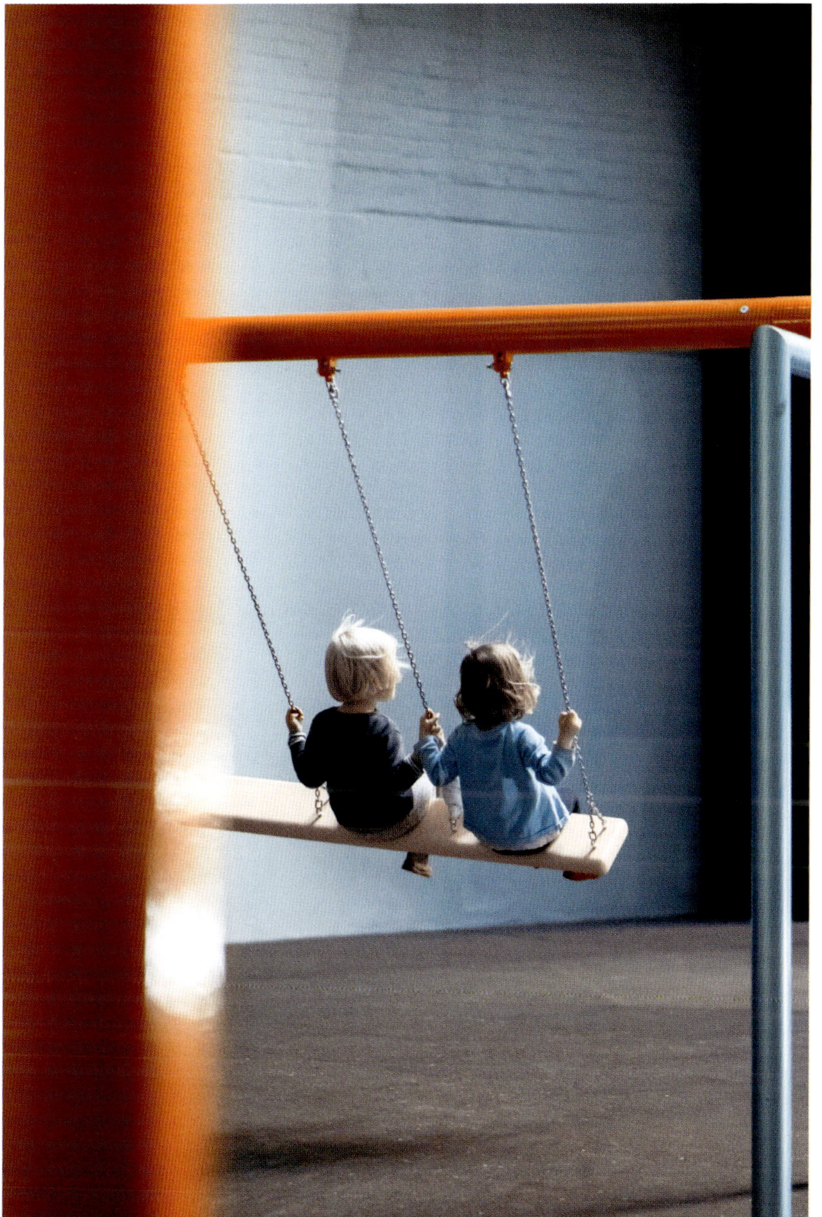

Durch gezieltes Isolieren der Schaukel innerhalb meines Bildausschnitts erhielt ich ein interessanteres Bild. London, 2017

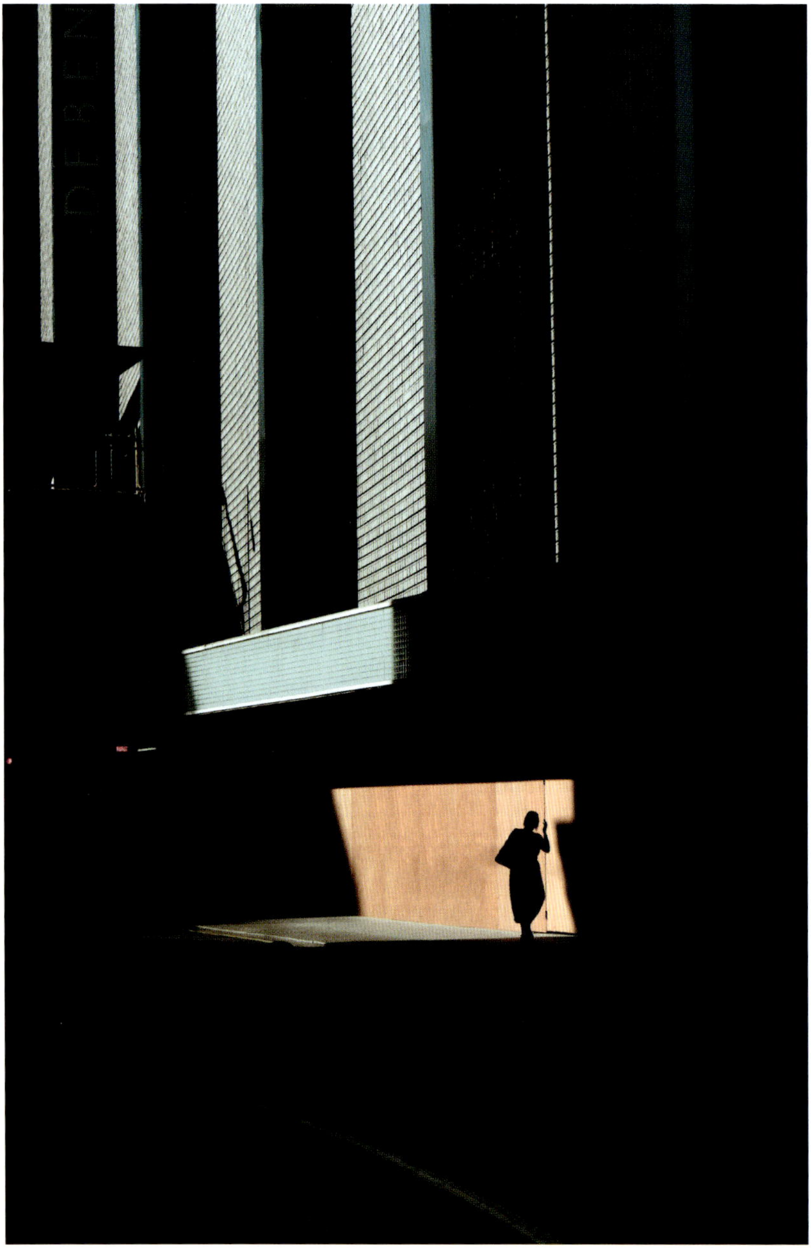

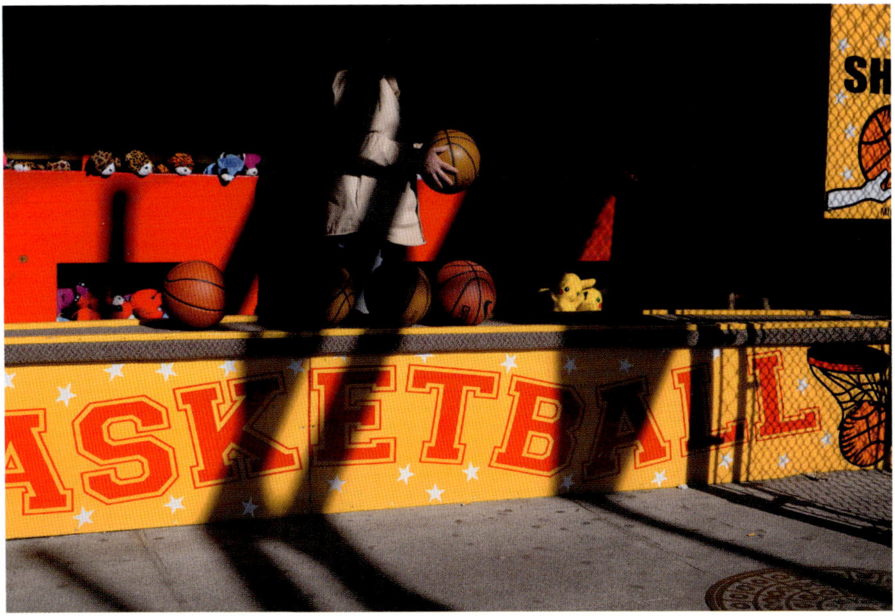

Der Bildausschnitt kann so verschoben werden, dass er der Regel entspricht, und beim nächsten Fotografieren achtet man besser darauf. Es ist normal, dass anfangs manche Entscheidungen auf der Strecke bleiben, man nicht an alles gleichzeitig denkt und sich zuerst mit der Belichtung und der Funktionsweise seiner Kamera beschäftigt. Dann erst sucht man nach schönen Momenten und nach Farben.

Fotografiert man schon länger, entwickeln sich Vorlieben. Ich benutze gerne die Drittelregel. Obwohl es nicht meine Absicht war, merkte ich mit der Zeit, dass sie in vielen Bildern vorkommt. Oft nimmt man sich ein paar Regeln vor, komponiert danach und hat eines Tages ein Bild, das man wirklich mag. Analysiert man es dann, lässt sich herausfinden, warum es so gut funktioniert. Vielleicht, weil sich fünf Motive im Bild befinden, sodass die »Quotenregel« erfüllt ist. Oder es gibt ein leuchtend rotes Element und es ist die Farbe, die einen anzieht. Nimm dir die Zeit, deine Bilder genau zu betrachten und »auseinanderzunehmen«. Wenn du das tust, kannst du eine Verbindung herstellen und herausfinden, was deine Arbeit unverwechselbar macht. Dann kennst du deine besondere Perspektive und siehst Bilder, die du einfangen möchtest – wo immer du auch bist.

In der Fotografie geht es um Dunkel und Hell. In diesen Kompositionen lenkt der Schatten den Blick.

LINKS
London, 2021

OBEN
New York, 2018

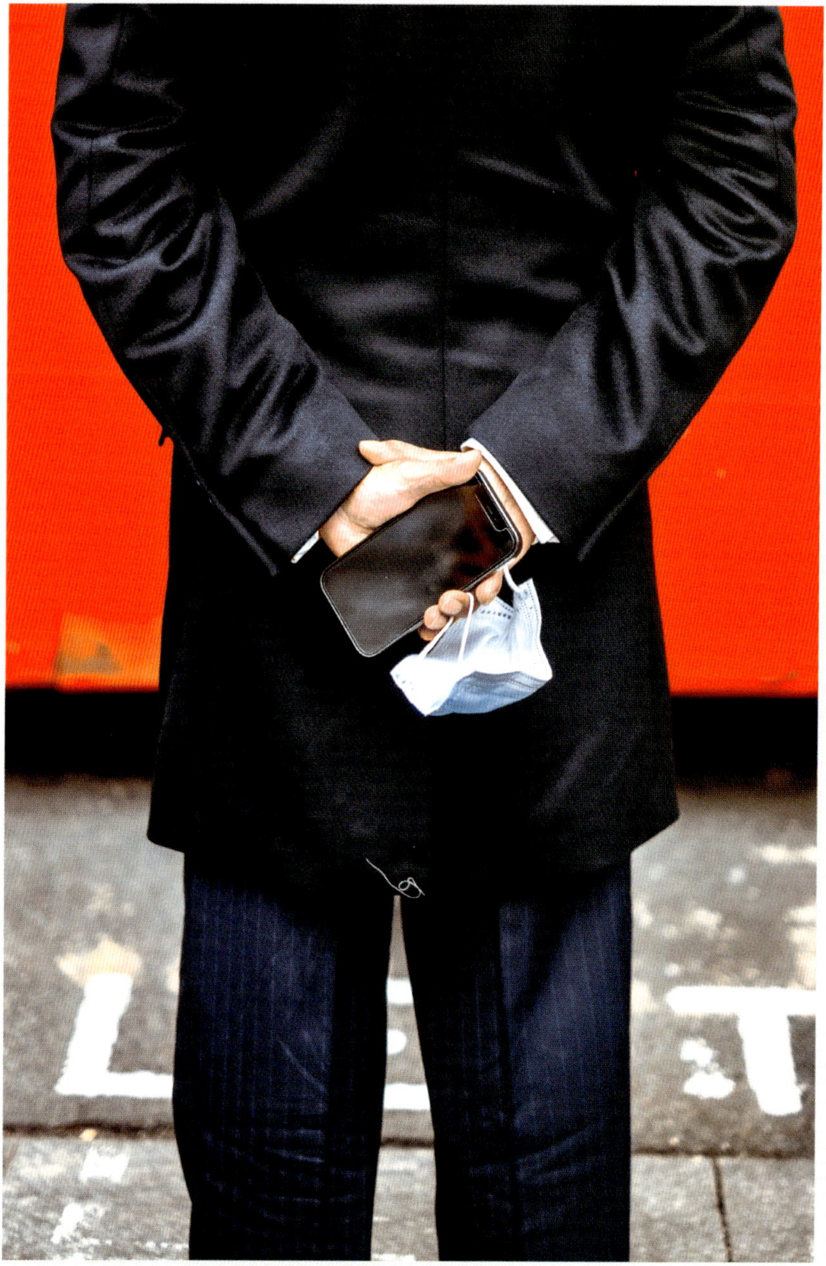

Anzug, Smartphone – und Mund-Nasen-Schutz. Kontraste können ein Bild zu etwas Besonderem machen.
London, 2021

11/

Schaffe starke Kontraste

Beeindrucke den Betrachter mit auffälligen Kombinationen

Diese Aufnahme zeigt einen gut gekleideten, gepflegt aussehenden Mann in London. Die obere Bildhälfte ist rot von dem Bus, der an ihm vorbeifährt. Er hat die Hände hinterm Rücken verschränkt und wirkt fast wie eine Figur auf einem Vivian-Maier-Foto der 1960er Jahre – die ein Smartphone und einen Mund-Nasen-Schutz in der Hand hält. Diese kleinen Anker verorten das Bild im Jetzt und es ist der Kontrast zur zeitlosen Kleidung, der das Bild so interessant macht. Da ich in Cambridge lebe, fotografiere ich dort auch die meiste Zeit. Die Stadt ist geschichtsträchtig – es gibt historische Schulgebäude, die bis ins 13. Jahrhundert zurückreichen, mit Studenten und Akademikern, die bei Abschlussfeiern Roben und Doktorhüte tragen. Obwohl das nicht meine bevorzugten Motive sind, erregt es mein Interesse, wenn ich jemanden in einem altmodischen Dreiteiler sehe, aus dessen nobler Weste Kopfhörer hängen.

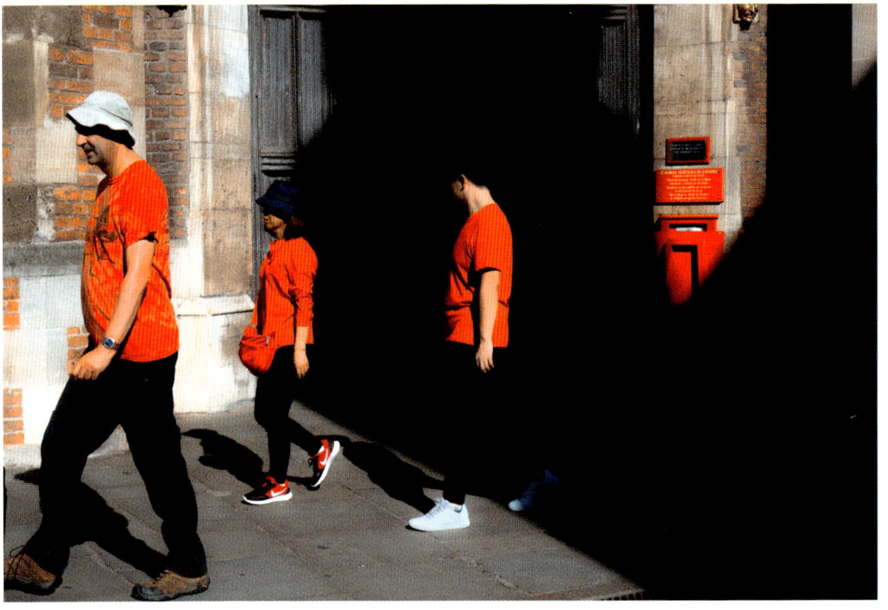

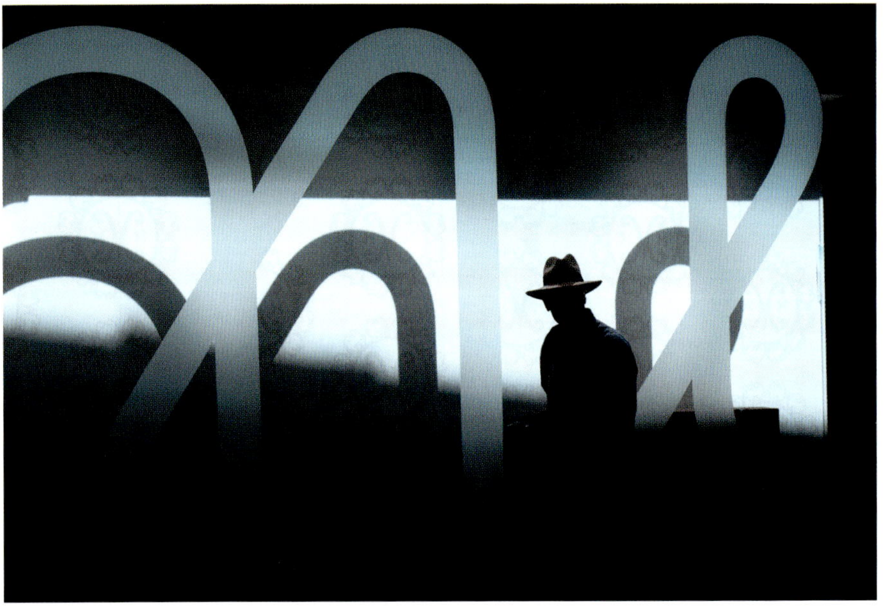

Wir schauen, weil wir neugierig sind. Bilder wie diese werfen mehr Fragen auf, als sie beantworten.
OBEN Cambridge, 2018
UNTEN Cambridge, 2021

Gegensätze schaffen Spannung. Meine Bilder sollen zwar keine Geschichte erzählen, aber die Neugier des Betrachters wecken und ihn dazu bringen, Fragen zu stellen. Dafür sind nicht nur die Kleidung oder das Verhalten der Menschen von Bedeutung. Die grundlegendste Form des Kontrasts ist der Gegensatz von Licht und Schatten. Mein Augenmerk ist immer zuerst darauf gerichtet und daher finden sich häufig Schattenrisse in meinen Bildern, wie auf einem Bild vom Juli 2021. Es wurde in Cambridge aufgenommen, was dieser reduzierte Bildinhalt jedoch nicht verrät. Es zeigt einen Mann mit Hut vor einem Lichtstreifen in der Bildmitte; im Vordergrund sieht man Schlaufenmuster am Fenster der im Umbau befindlichen Virgin Bank, die ebenfalls Schatten werfen: Ein grafisches, minimalistisches Bild. Wenn man belebte Szenen festhalten möchte, kann man die Kameraeinstellungen auf Schwarzweiß umstellen. So lässt sich besser erkennen, ob eine bestimmte Komposition interessante Überschneidungen zwischen hellen und dunklen Bildbereichen bietet.

»Überlege dir, mit welchen Elementen eine Aufnahme am besten aussehen kann, und spiele sie im Kopf durch.«

Der Vorteil am Arbeiten mit Farbe ist, dass man eine größere Auswahl an Elementen hat, mit denen man spielerisch Kontraste schaffen kann. Die Kombination von zwei Farben kann den Blick des Betrachters durchs Bild führen und manchmal entscheidet nur das Hinzufügen oder Weglassen eines winzigen Farbtupfers über ein Bild. In anderen Fällen entsteht eine besondere Wirkung durch Wiederholung – wie etwa der gestreifte Pullover einer Frau, der die Streifen der Fensterläden aufgreift, an denen sie vorbeischlendert, oder der scharlachrote Nagellack einer Person, der das leuchtende Rot des Geländers wiederholt, an dem ein U-Bahn-Fahrgast lehnt. Eine hypothetische Kombination, an der ich eine Weile gefeilt hatte, gelang mir 2018 mit einer Aufnahme von einer Gruppe Menschen, die alle rot gekleidet sind und einen roten Briefkasten in Cambridge passieren. Ich hatte diesen Briefkasten ins Auge gefasst, weil ich die Farbe Rot liebe und mir vorstellte, was für eine tolle Aufnahme entstehen könnte, wenn weitere rote Elemente dazukommen würden. Es war absolutes Glück, diese Passanten als Gruppe zu fotografieren, die eigentlich gar keine war – der Mann war allein unterwegs und lief viel schneller als die anderen beiden Personen. Ich hatte Glück, vor Ort zu sein, mein Timing stimmte.

Viele Streetfotografen lieben witzige Kombinationen, meistens mit Menschen. Das bekannteste Beispiel ist der sogenannte »Ballonkopf«: Jemand hält einen Ballon in der Hand, der vollständig das Gesicht verdeckt, sodass es aussieht, als sei der Ballon der Kopf. Oft ist es ein Kind, das den Ballon hält. Fast jeder hat schon einmal ein Bild dieser Art gesehen. Um ein besonderes Foto zu machen, muss man dieses Konzept weiterdenken und sich etwas Originelleres ausdenken. Einmal fotografierte ich Kinder auf dem Oberdeck eines Busses. Die Fenster waren beschlagen, die Kinder amüsierten sich und malten Bilder ins Kondenswasser. Direkt unter ihnen prangte zufällig eine Werbung für den Matt-Damon-Film *Downsizing* aus dem Jahr 2017, auf dem die Worte »Miniature Masterpiece« zu lesen waren. Ein klassischer einmaliger Augenblick, aber auch ein vorhersehbarer, wenn man die Werbung und die beschlagenen Fenster gesehen hatte. Ohne diese Worte wäre das Bild langweilig gewesen.

Auf deinen üblichen Touren durch die Stadt halte die Augen nach Dingen offen, die du für interessante Kombinationen nutzen kannst. Vielleicht eine Werbetafel oder digitale Bildschirme mit Text oder Bildern – mit »Sieh mal« zum Beispiel oder mit Augen oder Lippen. Der Text lässt sich gleich vor Ort bearbeiten, indem man bestimmte Wörter nicht mit in den Bildausschnitt nimmt und sich auf die relevanten konzentriert. Überlege dir, welche weiteren Elemente deine Aufnahme bereichern können, und spiele sie im Kopf durch. Vielleicht fehlt noch eine gewisse Person oder jemand, der sich auf eine bestimmte Art bewegt. Wenn du eine konkrete Idee hast, kannst du in der Nähe bleiben oder später wiederkommen und hoffen, im richtigen Moment bereit zu sein.

Die Wirkung von Kontrasten und die Drittelregel sind oft eine gute Kombination. Kontrastierende Elemente können verschiedene Bildbereiche einnehmen; zerlegt man die Komposition gedanklich in diese Bestandteile, kann man sie wirkungsvoller platzieren. Eine gute Übungsmöglichkeit besteht darin, etwas Interessantes zu finden, das sich nicht wegbewegt. Dann kann man den Bildaus-

»Meine Bilder wecken die Neugier der Betrachter und lassen sie Fragen stellen.«

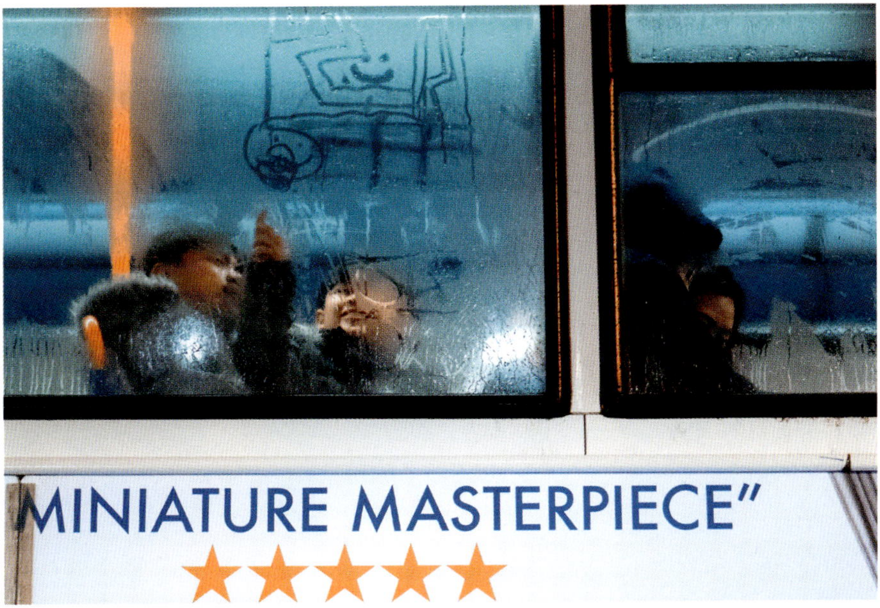

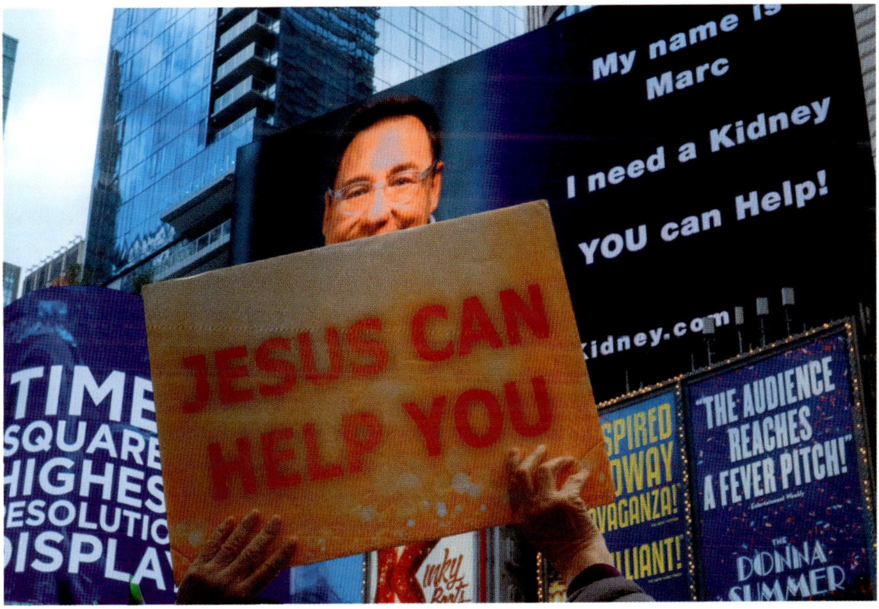

Städte sind voller Texte. Experimentiere mit Anzeigen oder Plakaten, um deinen Bildern Humor zu verleihen.
OBEN Cambridge, 2018
UNTEN New York, 2018

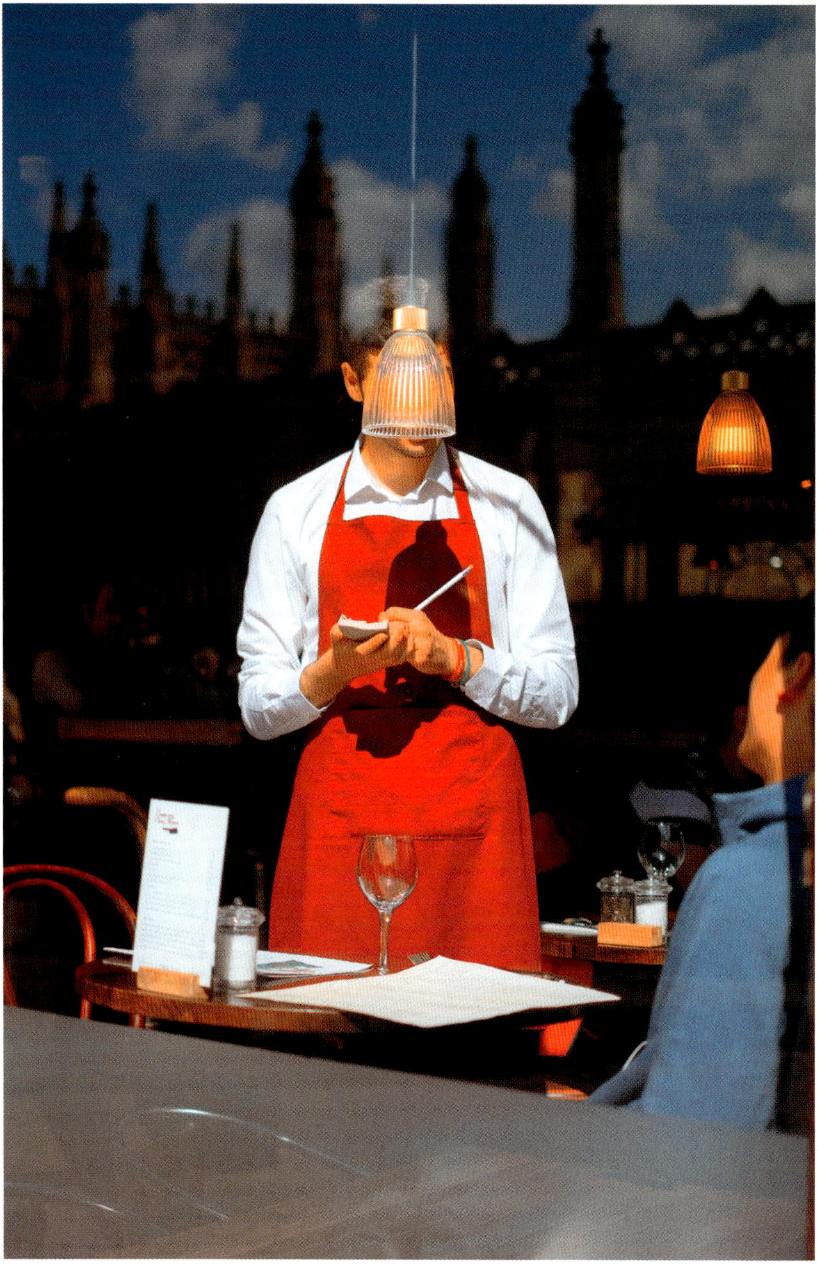

Eine spielerische Variante des klassischen »Ballonkopfes«, nur ist der Ballon hier ein Hängelampenschirm.
Cambridge, 2019

schnitt wählen und auf das bestmögliche Szenario warten. In Cambridge gibt es eine Werbung für Kosmetik. Es ist ein Gesicht zu sehen, bei dem jemand einen Aufkleber über ein Auge geklebt hat. Ich gehe oft hin und hoffe, dass jemand mit einer Augenklappe vorbeikommt, was leider noch nicht passiert ist. Eine andere Übung besteht darin, seine Fotos noch einmal durchzusehen und zu überlegen, welche lustigen Elemente sie bereichern und vervollständigen würden. Statt nur einer Person, die etwas Überraschendes tut, kann man auch mehrere aufnehmen – wie diese Straßenverkäufer, die einem Kunden den Weg beschreiben. Alle zeigen zeitgleich in dieselbe Richtung, ihre Gestik wird perfekt durch das Wort »Willkommen« abgerundet. Kontraste komplementieren andere Komponenten einer gut durchdachten Komposition und geben dem Betrachter Grund zum Hinschauen.

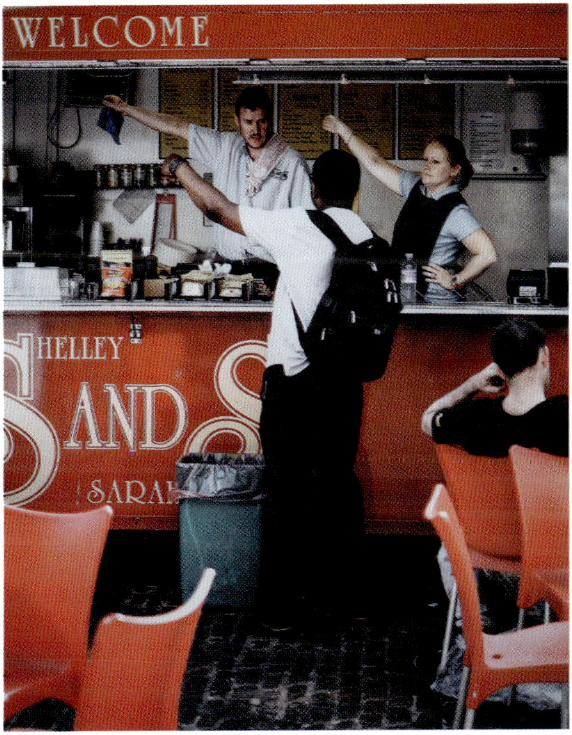

Nach dem Weg zu fragen, ist nicht ungewöhnlich. Drei Personen, die in dieselbe Richtung weisen, sind lustig.
Cambridge, 2006

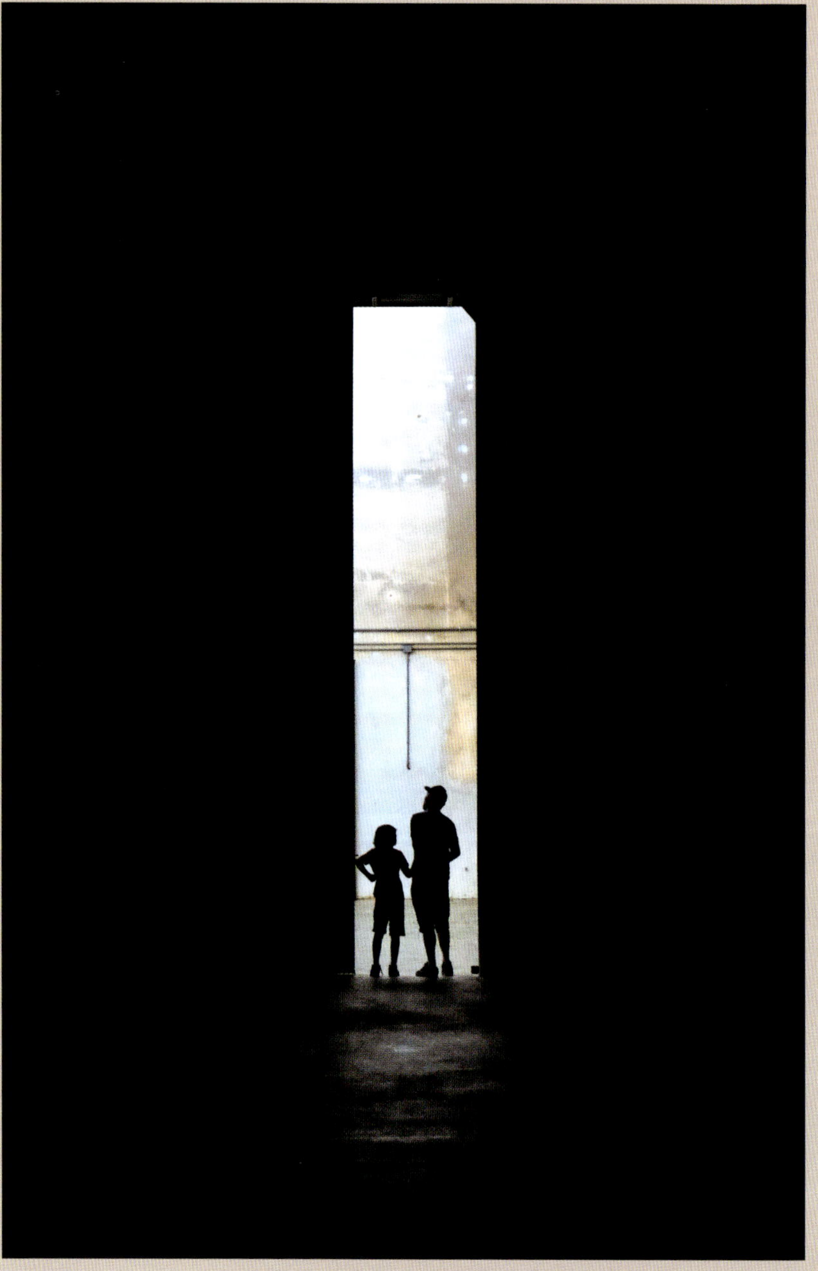

Dieser Türdurchgang ist der ideale Rahmen im Rahmen. Ich musste nur auf die Personen warten.
Mailand, 2017

12/

Rahmen im Rahmen

Bringe Ordnung ins Chaos und rahme dein Motiv

Türen, Fenster, Laternenpfähle, Lichtstreifen – auf einem Foto kann alles zum Rahmen im Rahmen werden. Diese Kompositionstechnik entdeckte ich in den Arbeiten anderer Fotografen und verwende sie nun ständig. Sie ist spielerisch, aber auch sehr nützlich, da sich ein Bild damit von visueller Überfrachtung befreien lässt. Ich arbeite meistens in denselben Straßen, einem überschaubaren Gebiet. Daher ist die Anwendung dieser Technik für mich äußerst hilfreich und auch notwendig, um weiterhin kreative Bilder zu machen, die nicht immer die gleichen Szenen zeigen. Anfangs war ich wie besessen davon und jetzt mache ich es, ohne darüber nachzudenken. Auch deshalb liebe ich Regentage. Regenschirme erzeugen schöne Formen, die sich durchs Bild bewegen und wieder verschwinden; sie sind wandelnde Rahmen im Rahmen.

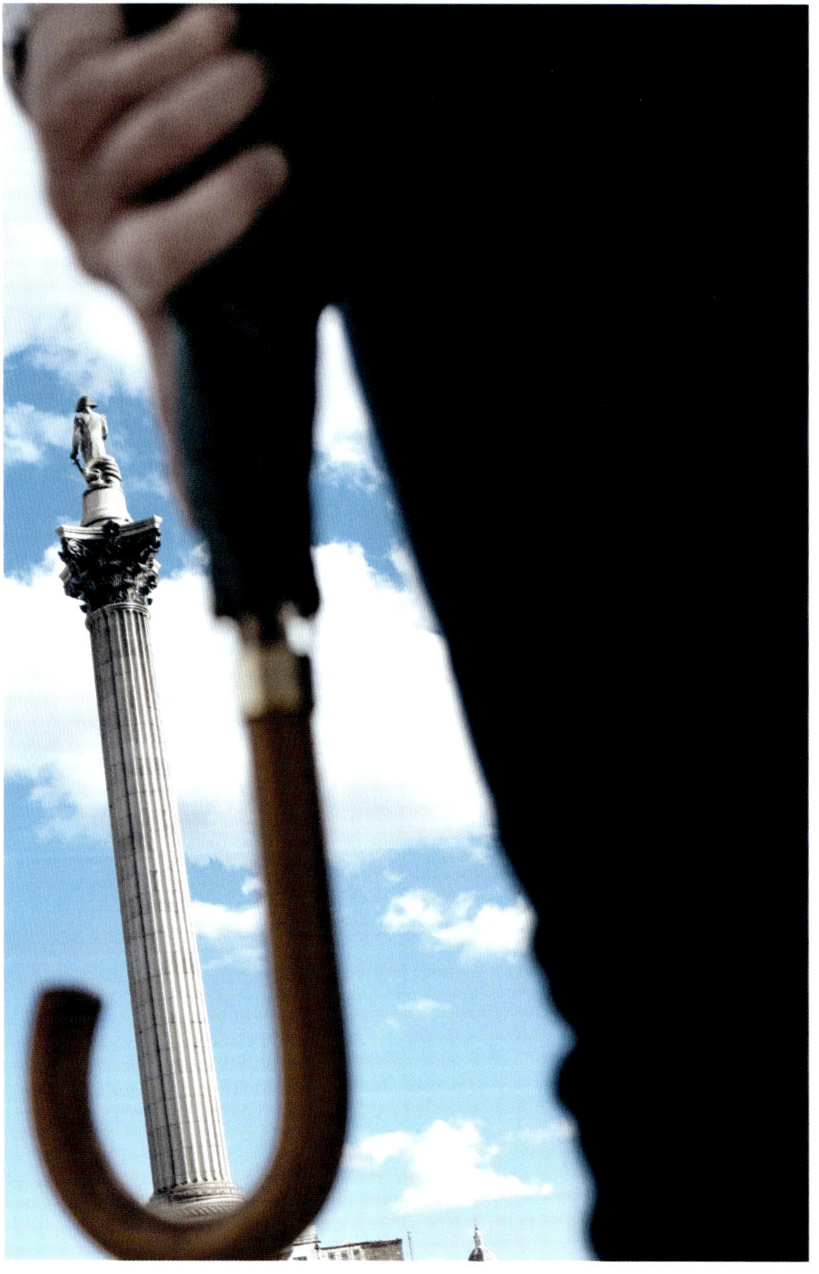

Ein Rahmen im Rahmen kann alles sein – wie dieser Schirmgriff zeigt.
London, 2017

Ein ganz einfacher Rahmen im Rahmen ist zum Beispiel ein Fenster, durch das eine Person fotografiert wird. Das kann das offene Fenster eines Cafés sein oder auch ein beschlagenes Autofenster. Türen haben denselben Effekt. 2017 machte ich ein Bild im Pirelli Hangar Bicocca, einer Kunstgalerie in einem ehemaligen Industriegebäude in Mailand. Es zeigt zwei Personen, gerahmt von einem hohen Türdurchgang – ein Beispiel für einen Rahmen im Rahmen. Welcher Fotograf hätte diese Aufnahme nicht gemacht? Das Überzeugende hier ist der starke Kontrast. Bis auf den Durchgang ist alles dunkel – Mann und Kind haben etwas Besonderes in ihrer Haltung und ihren Gesten, was neugierig macht und schön anzusehen ist. Wie bei der Aufnahme in Mailand kommt es vor, dass Menschen tatsächlich von einem Rahmen umgeben sind, und manchmal kann man diese Illusion auch durch die eigene Position erwecken.

»Regenschirme erzeugen schöne Formen, die sich durchs Bild bewegen und wieder verschwinden; sie sind wandelnde Rahmen im Rahmen.«

Außerdem ist es möglich, Ebenen oder andere Elemente mit ins Bild zu bringen, um bestimmte Teile des Bildausschnitts auszublenden und den Anschein eines Rahmens zu erwecken. Auf einem Bild vom Trafalgar Square sieht man die Nelsonsäule vor blauem Himmel, gehalten von dem Griff eines Schirms. Ich nutzte die Säule als statisches Element und wartete so lange, bis der Mann seine Haltung änderte, sodass ich die gewünschte Aufnahme machen konnte. Ein anderes Mal führte ich meine Kursteilnehmer durch die Stadt, als ich zufällig auf dieses Motiv stieß: das Gesicht eines Mannes, perfekt gerahmt vom Spiegel seines Motorrads. Auch hier habe ich vorausgedacht und gewusst, dass das Gesicht eines Menschen nur dann richtig im Spiegel zu sehen ist, wenn er auf dem Motorrad sitzt. Solche besonderen Momente erinnern einen daran, seine Kamera nie wegzulegen man weiß nie, welche Schätze hinter der nächsten Ecke lauern.

Als Rahmen im Rahmen lässt sich vieles verwenden, wenn man ein Auge dafür entwickelt hat. Ich habe sogar einen Markthändler durch seinen Arm hindurch fotografiert, als er die Hände auf dem Kopf hatte. Auf einem anderen Bild, für das ich mehrere Anläufe brauchte, kann man gerade noch das Gesicht einer Person durch ein Loch in einem Straßenschild sehen. Das Schild befand sich an einer stark frequentierten Stelle und daher wusste ich, dass

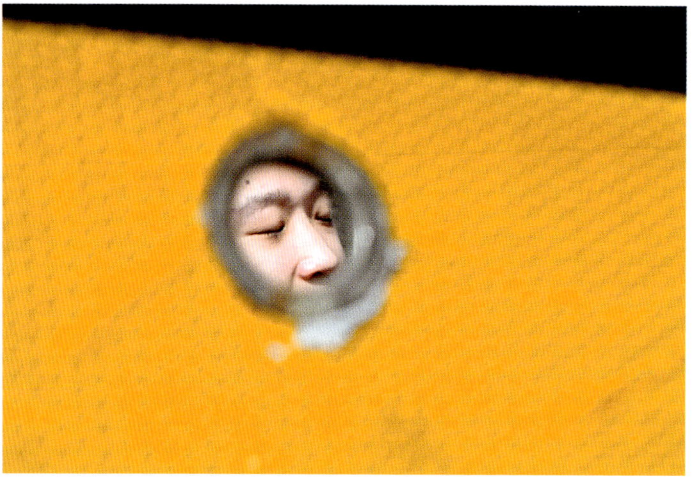

Einige Rahmen im Rahmen hatte ich schon seit Wochen vorbereitet, andere sind spontane Entdeckungen.

RECHTS
Cambridge, 2017

LINKS
London, 2017

irgendwann jemand dahinter stehen bleiben und sich umsehen würde. Es war mein Plan, genug Zeit zu haben, um durchs Nadelöhr zu linsen und mein Bild einzufangen. Natürlich musste ich einige Male dorthin gehen, bis wirklich jemand stehen blieb, und hatte dann etwa zehn Sekunden für die Aufnahme. Auch die Arbeit mit einem Weitwinkel ist hierfür geeignet, denn so kann man mit einem Rahmen im Rahmen einen Teil des Bildes ausblenden; man muss nur mutiger sein und größere Elemente benutzen.

Willst du das Rahmen üben, kannst du einen Bildausschnitt wählen und überlegen, was du weglassen könntest, um die Aufnahme klarer zu machen und das Motiv besser zu erfassen. Suche dir zehn Dinge in deiner Stadt, die sich gut als Rahmen eignen würden, und warte geduldig, bis ein gutes Motiv auf eines dieser Objekte zusteuert. Am besten eignen sich hierfür Gebäudeecken, Zwischenräume oder auch ein Fahrradständer. Finde durch Experimentieren heraus, ob dir das Rahmen im Rahmen gefällt, und lerne dabei viel über dich, deine Vorlieben und ästhetische Perspektiven. Es gibt einige Fotografen, deren Bilder kinetisch wirken, dynamisch. Sie haben sich der Bewegung verschrieben; das ist ihre Art, die Welt zu deuten. Viele im Bild enthaltene Informationen sind für mich zu viel »Lärm«. Mir ist es lieber, alles »aufzuräumen« und in Kästchen zu erfassen. Das Rahmen entspricht meinem Bedürfnis, Ordnung im Chaos zu schaffen.

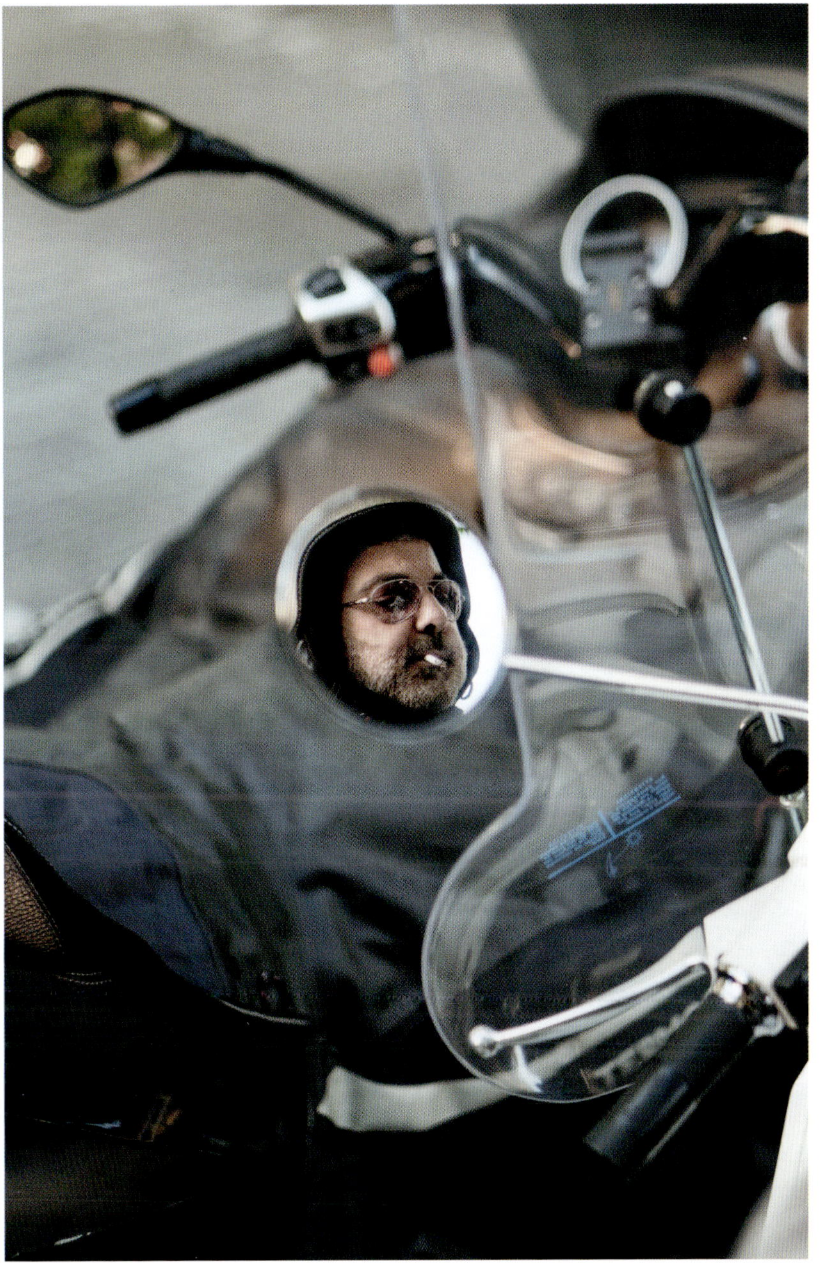

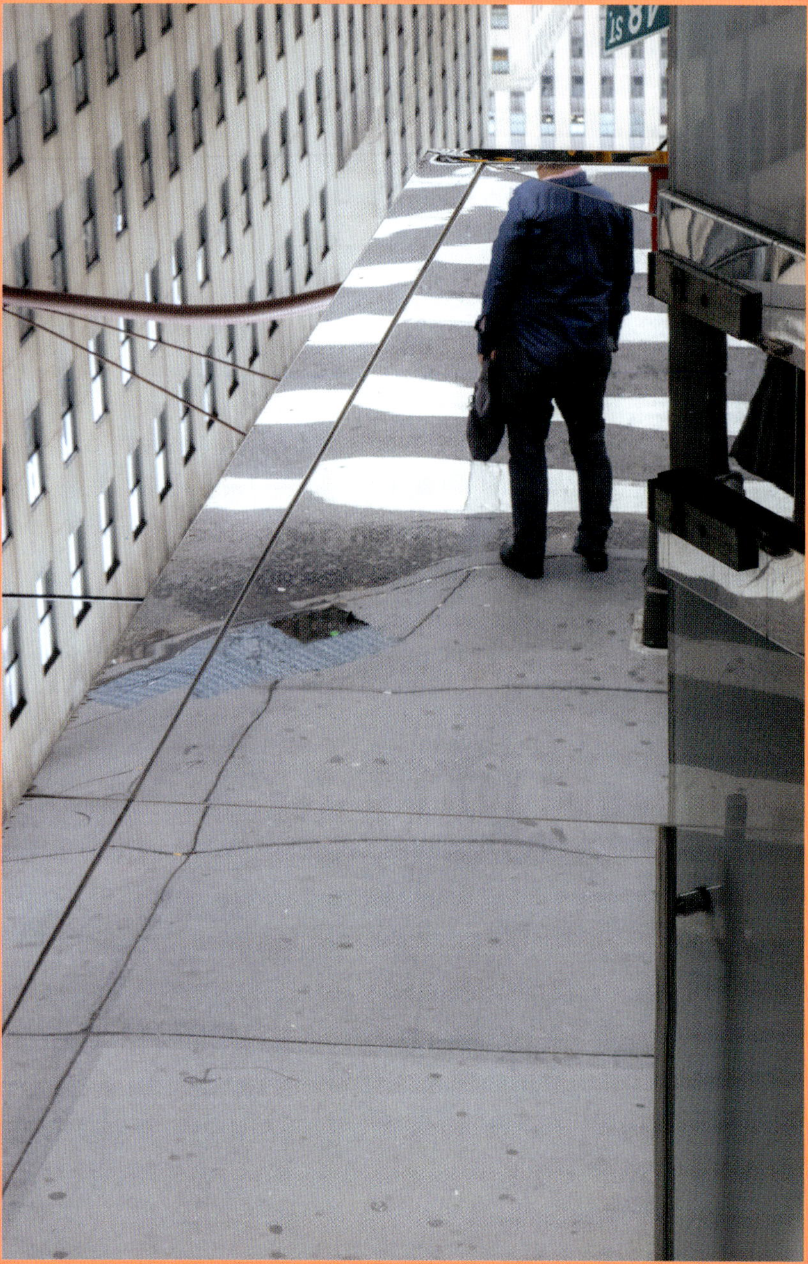

Diese Aufnahme wirkt wie eine Collage, ist aber eine optische Täuschung, die durch Spiegelungen entstanden ist.
New York, 2019

13/

Ändere die Perspektive

Lass Bildbetrachter zweimal hinschauen, und sie sehen die Stadt mit anderen Augen

Ich liebe Irritationen. Ich mag es, wenn mich ein Bild rätseln lässt. Wenn ich etwas fotografiert habe und den Betrachter damit vor ein Rätsel stelle, habe ich mein Ziel erreicht. Für mich ist es alles eine Frage der Originalität, denn heutzutage hat fast jeder eine Kamera und es gibt unendlich viele Bilder. Unsere Städte wurden noch nie zuvor so häufig fotografiert, wie in der heutigen Zeit. Ändert man Blickwinkel und Perspektive, zeigt man den Leuten etwas, was sie kennen – aber auf originelle Weise. Fotografiert man etwas in der Ferne und stellt den gesamten Bildausschnitt scharf, schließt das alle Elemente aus, die sich im Vordergrund befinden und dem Betrachter helfen würden, das Bild in seiner räumlichen Tiefe einzuordnen. Das Ergebnis ist ein Bild, das flach wirkt und bei

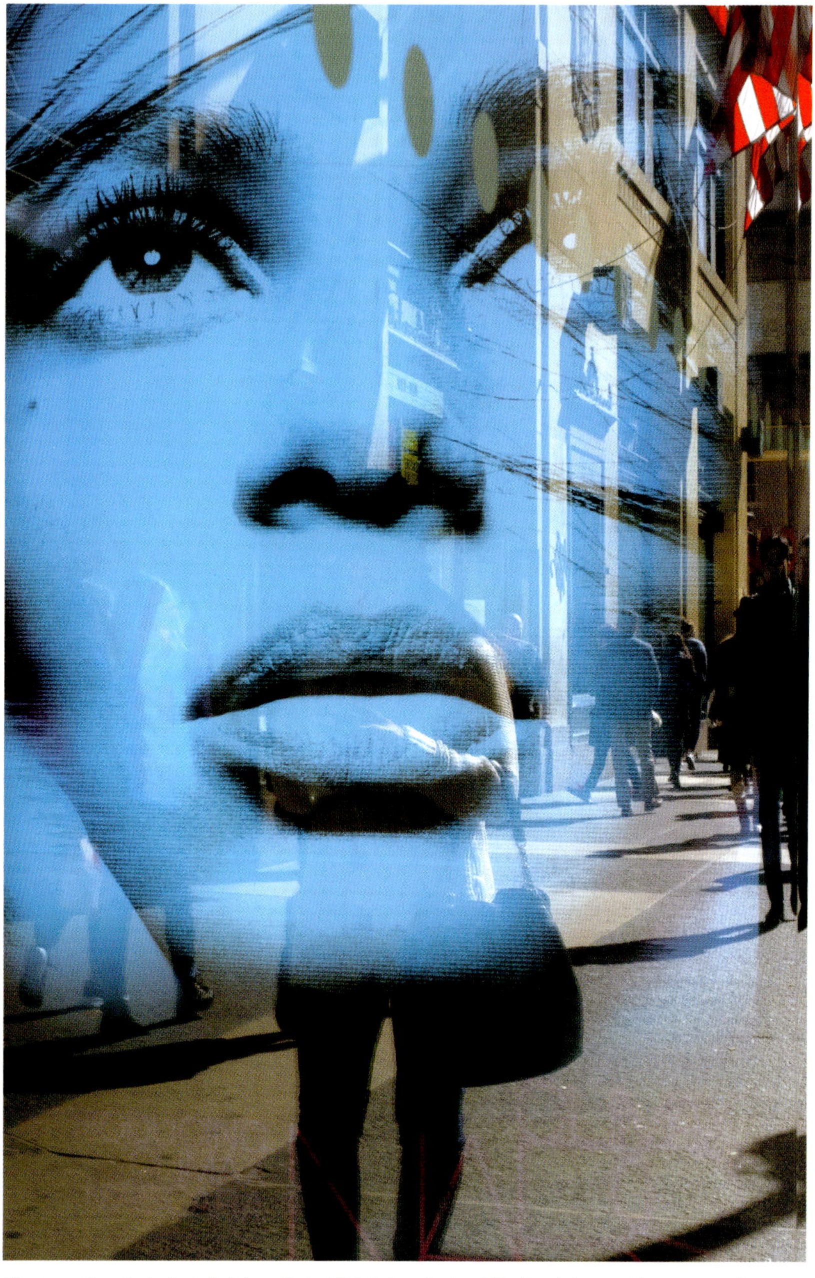

Dieses an einer Bushaltestelle fotografierte Bild ist ein optisches Rätsel und das macht es spannend.
New York, 2018

dem sich nicht erkennen lässt, ob die Objekte, Gebäude oder Menschen darauf näher oder weiter entfernt sind. Bei der Technik »Rahmen im Rahmen« ging es um die Bildordnung, hier geht es um Verwirrung. Das möchte ich genauer erklären.

Die New Yorker Fifth Avenue wird seit mehr als einem Jahrhundert von Streetfotografen festgehalten – wer weiß, wie viele Fotos dort allein in der letzten Woche entstanden sind! Als ich mich dort aufhielt, fiel mir der reflektierende Überhang eines H&M-Ladens auf, in dem sich Fußgänger spiegelten. Inspiriert habe ich nach oben fotografiert. Das Ergebnis ist verblüffend: ein optisches Rätsel, dessen Entschlüsselung einiges an Konzentration erfordert. Mir wäre es lieber gewesen, wenn sich im Vordergrund kein Bezugspunkt befunden hätte, doch auch so dauert es eine Weile, bis der Betrachter das Rätsel entschlüsselt. Obwohl man die Straße nicht sehen kann, lässt sich ein Laternenpfahl erkennen, der hilft, das Bild einzuordnen. Es wäre auch möglich, das Bild so weit zu reduzieren, dass es nicht gelingt, den Bildinhalt zu bestimmen. Ästhetisch gesehen wäre das eine großartige Abstraktion, wunderschön in Farben, Formen und Komposition; niemand würde versuchen, sie zu entschlüsseln. Das ist zwar reizvoll, doch ich bevorzuge es, den Betrachtern einen Hinweis zu geben, damit sie sich am Rätseln erfreuen können.

»Ändert man Blickwinkel und Perspektive, zeigt man den Leuten etwas, was sie kennen, aber auf originelle Weise.«

New York ist eine Stadt der Hochhäuser, wohingegen Cambridge flach und architektonisch niedrig ist. Nach oben schauen kann man aber überall! Der Blick nach unten liegt auf der Hand – wir alle kennen Bilder von Pfützen und Füßen –, nach oben scheinen die Menschen jedoch weniger oft zu schauen. Das Gleiche gilt für den Blick zurück. Es gelingt einem problemlos, einen ganzen Tag lang umherzulaufen und zu fotografieren, ohne sich umzusehen – und so passiert es, dass man unglaubliche Motive hinter sich glattweg übersieht. Wie das Beispiel von H&M zeigt, gibt es auch oberhalb der Augenhöhe Interessantes zu entdecken. Ich interessiere mich mehr für die Formen der Gebäude als für ihre Fassaden; auch Dächer bieten gute Kontraste.

Auf einem Bild, das ich 2020 in New York aufnahm, sind die oberen zwei Drittel des Bildrahmens mit dem türkisfarbenen Gesicht einer Frau gefüllt. Dieses Foto gehört zu den Bildern, die Betrachter am häufigsten dazu animieren, mich anzuschreiben. Es ist keine Collage, sondern die fotografierte Spiegelung einer beleuchteten Werbung, die sich auf der Innenscheibe eines Bushaltestellenhäuschens befindet. Viele vermuten, dass es sich um eine Doppelbelichtung handelt. Ein sehr bekanntes Bild, das viele Nachahmer fand, ist mein »schwebender Hut«. Für so ein Bild muss man zur richtigen Zeit am richtigen Ort sein und das Licht nutzen, um eine surreale Illusion zu schaffen. Zu bestimmten Zeiten im Jahr fällt das Licht im Lion Yard Shopping Centre in Cambridge durch ein Dach mit Gittermuster und wirft rautenförmige Flecken auf den Boden. Der Ausgang führt zu einer Straße, die im Schatten liegt – ein idealer Bildrahmen mit dunklem Hintergrund und Spotlight. Wenn dann das richtige Motiv auf der Bildfläche erscheint, kann der unsichtbare Mann entstehen.

Pau Buscató ist ein Fotograf aus Barcelona, der hauptsächlich mit Kombinationen arbeitet. Eines seiner Bilder hat mich besonders fasziniert: Es zeigt ein Londonder Bauzaunplakat, auf dem vier Vögel abgebildet sind, die sich im Flug befinden. Das Auge folgt dieser Reihung und fällt auf einen vogelförmigen Riss in einem weißen Gerüstnetz, über den wiederum eine echte Taube fliegt. Auf den ersten Blick sieht man also sechs Vögel im Flug. Es dauert etwas länger, bis man begreift, was man tatsächlich sieht. Mein erster Gedanke war: »Cool«, gefolgt von »das kann nicht sein!« Dann erst verstand ich. Solche Bilder kommen in den sozialen Medien, aber auch in einer Galerie oder einem Buch gut an, da sie den Blick des Betrachters fesseln. Schafft man es als Fotograf, die Menschen innehalten zu lassen, hat man gewonnen.

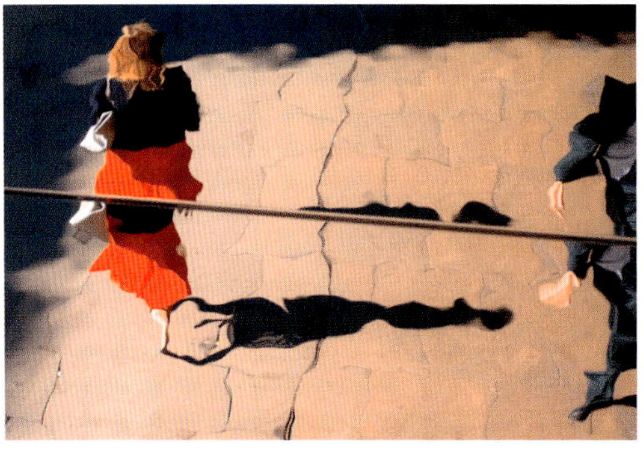

Licht kann Verzerrungen erzeugen, von wasserähnlichen Welleneffekten bis hin zur Illusion der Unsichtbarkeit.

RECHTS
London, 2018

LINKS
Cambridge, 2017

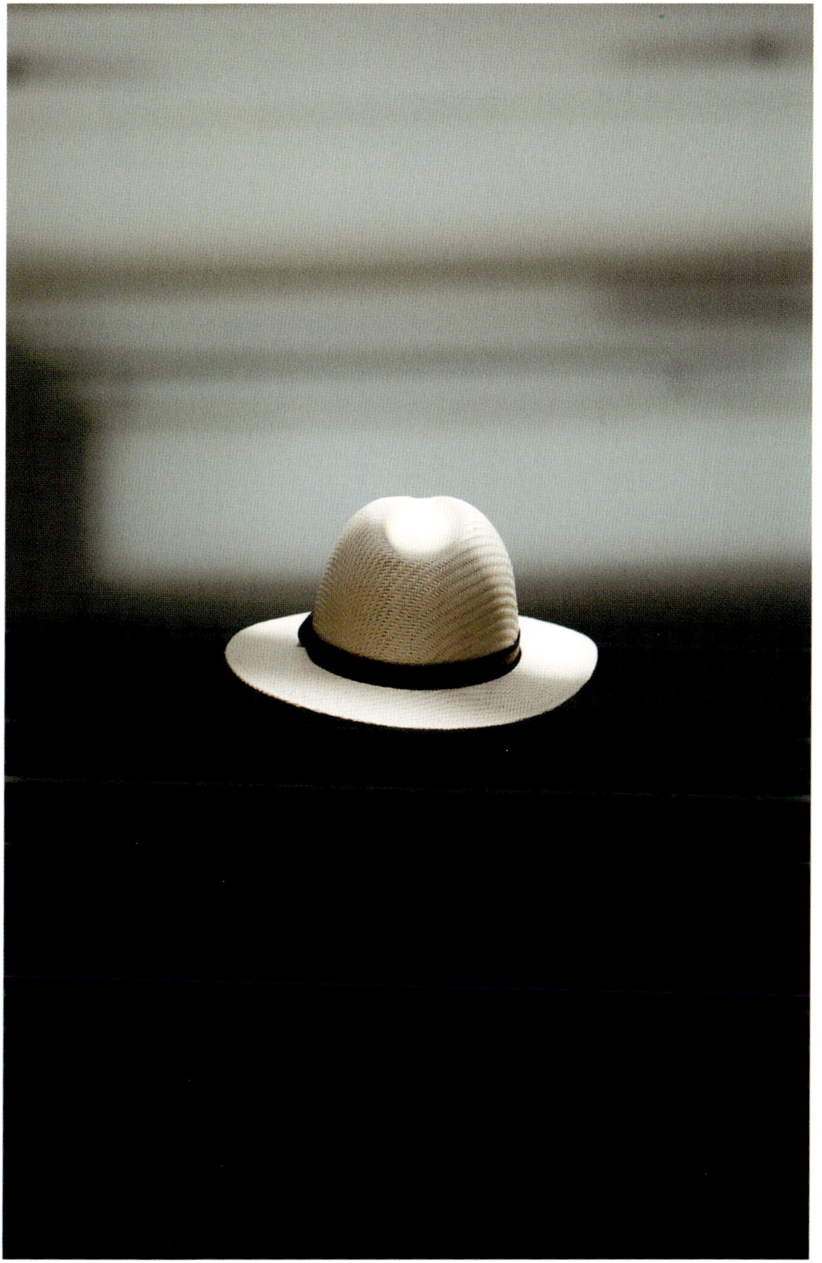

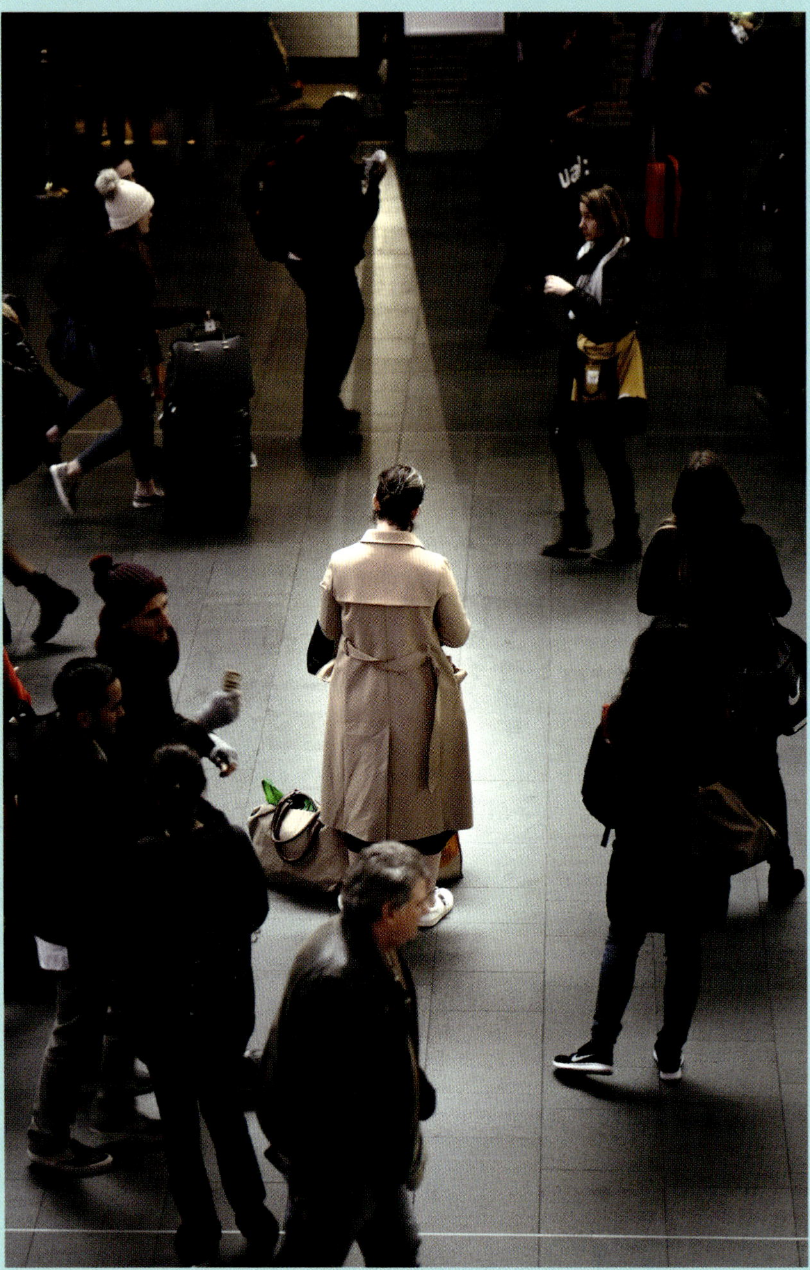

Dieser Lichtkegel wirkte wie ein natürlicher Scheinwerfer und erzeugte einen theatralischen Effekt, den ich einfangen musste.
London, 2017

14/

Folge dem Licht

Lass dich vom Licht leiten – es verleiht deinen Bildern Lebendigkeit

Das Wort Fotografie bedeutet im Griechischen »Zeichnen mit Licht« – eine wundervolle Definition für die Grundlage meines Tuns. Zuerst denke ich an das Licht, noch bevor ich Führungslinien, Kontrast, Rahmen, Perspektive und – ganz sicher – Menschen in den Blick nehme. Das Licht bestimmt meinen Zeitplan. Jeder noch so bemerkenswerte Moment auf der Straße ist unbedeutend, wenn die Beleuchtung nicht passt. Das ist ein Grund dafür, dass Saul Leiter und Ernst Haas zu meinen fotografischen Vorbildern zählen: Sie sind nicht für die außergewöhnlichen Momente bekannt, die sie einfingen, sondern für ihren malerischen Umgang mit Licht und Farbe.

Leiter war ein Magier des Lichts. Viele meiner Lieblingsbilder von ihm entstanden nicht an sonnigen Tagen, sondern an verregneten, kalten Tagen mit Kondenswasser an den Fenstern. Ebenso beeindruckend: ein Hochformat-Foto von Haas aus dem Jahr 1955 von einem New Yorker Wolkenkratzer, dessen Stahlfassade im

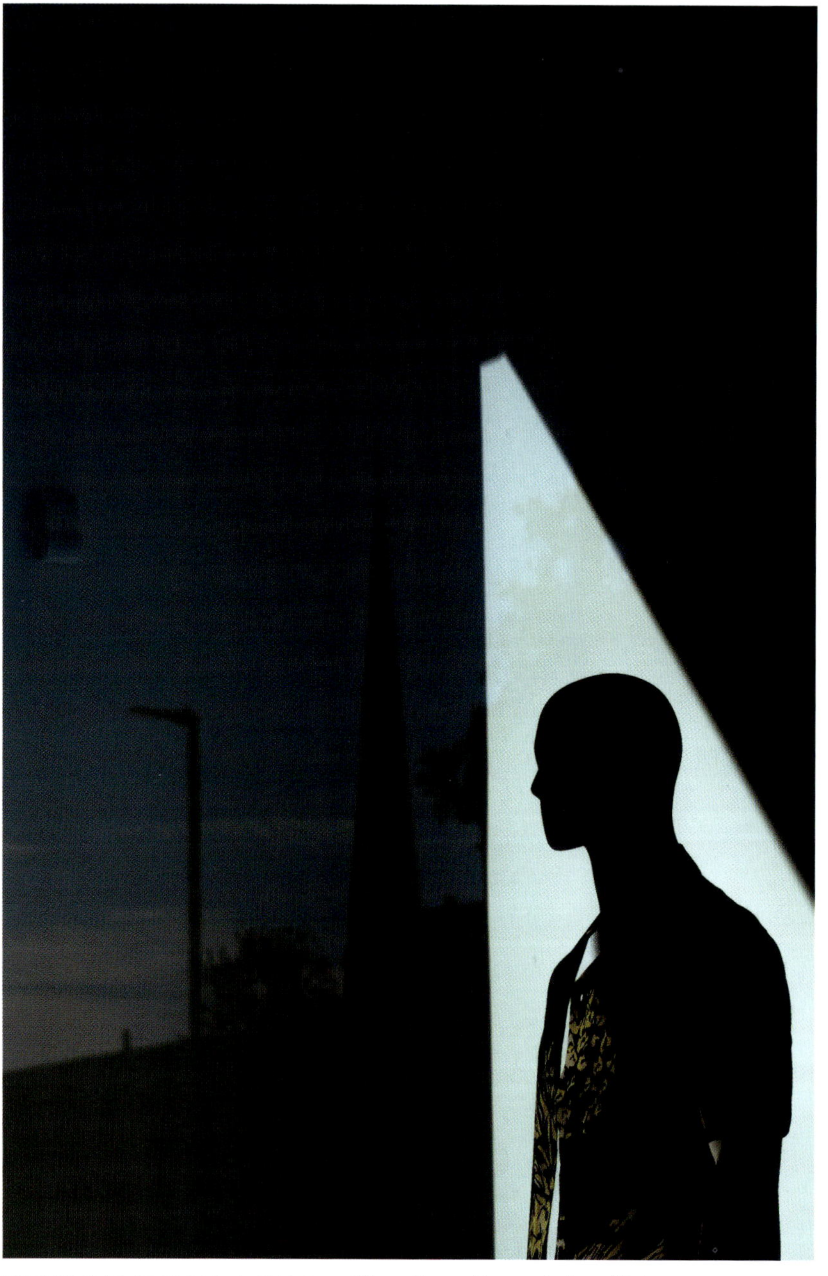

Optimal finde ich das starke, harte Licht, das zu kühnen Kompositionen wie dieser führt.
Cambridge, 2020

Sonnenlicht glänzt. Die eckigen Schatten anderer Gebäude fallen wie Stufen darauf und führen von oben nach unten bis zu dem roten Ampellicht, jede Komponente des Bildes führt zu dieser Ampel. Haas war ein Genie, da er die Bedeutung des Lichts erkannte und für die Komposition nutzte. Ich frage mich oft, wann er diesen Ort entdeckt haben mag. Hatte er ihn schon vor einer Woche bemerkt, aber nicht nutzen können, weil der Sonnenstand nicht stimmte? Oder hatte er diese perfekten Lichtverhältnisse spontan wahrgenommen und sofort genutzt? Wir wissen es nicht.

»Der bemerkenswerteste Moment auf der Straße ist unbedeutend, wenn ihm das Licht nicht gerecht wird.«

Die besten Tageszeiten für Aufnahmen sind für mich der Abend oder der Morgen. Dann fallen scharfe Schatten auf Fenster und Gebäude, die starke Formen bilden. Ich bevorzuge es, am frühen Morgen zu fotografieren, da ich schon oft interessante Dinge und Menschen entdecken konnte, die ich zu anderen Tageszeiten übersehen hätte. Als ich noch nebenberuflich fotografierte, konnte ich in den frühen Morgenstunden mehr schaffen. Ich verfolgte das Licht und wusste immer, welche Orte wann gut beleuchtet sind. Dafür bewegte ich mich durch die Stadt, achtete darauf, wie das Licht auf bestimmte Stellen fiel, und überlegte, wie sich das ändern würde, wenn ich zu einer anderen Zeit wiederkäme. Heute warte ich manchmal sechs Monate, bis das Licht aus einem geeigneten Winkel auf die gewünschte Stelle fällt, und versuche es dann erneut. Ich bin anspruchsvoll und gebe mich erst dann zufrieden, wenn mein Bauchgefühl mir die Wahl bestätigt.

Ich suche stets nach einer starken Lichtquelle, die alles im Bild zum Strahlen bringt. Das muss nicht immer die Sonne sein. Bei Nachtbildern nutze ich künstliche Lichtquellen von Läden, Straßenlaternen, Werbung und Leuchtreklamen, sogar von Fahrzeugen wie Polizeiautos und Krankenwagen. Je flüchtiger eine Lichtquelle , desto besser – man kann etwas festhalten, das sich nicht wiederholen wird. Ich mag gesättigte Farben in meinen Bildern und achte auf die Wechselwirkung verschiedener Farbtöne. Vor allem Primärfarben haben es mir angetan und daher mag ich die amerikanische Flagge – obwohl sie ein politisches Symbol ist: Ich liebe diese Kombination von Rot, Weiß und Blau. Ich habe sie schon in vielen Bildern alter Meister der Streetfotografie entdeckt und verstehe sehr gut, warum sie zu einem so starken Symbol geworden ist.

Bei dem in Cambridge ansässigen Hotel namens The University Arms wurde 2015 ein Teil des Gebäudes abgerissen und neu gestaltet. Während der Bauarbeiten machte ich viele Fotos, darunter eines von einem Mann in einem gestreiften Kapuzenpulli, der an einer gestreiften Werbetafel vorbeiläuft (Foto auf der Einbandrückseite). Es war ein wichtiges Bild, durch welches ein größeres Publikum auf mich aufmerksam wurde. Seit der Fertigstellung des neuen Gebäudes fällt jedes Jahr im September zur richtigen Tageszeit das Licht direkt durch ein bestimmtes Fenster auf den Tresen des Portiers. Ich halte mich meist vor dem Haupteingang auf und warte auf die Leute, die ein und aus gehen. Jedes Mal, wenn sich die Türen öffnen, unterstützen die Fensterform und das einfallende Licht diese großartige Komposition. Als ich 2018 dort fotografierte, geschah es, dass plötzlich jemand die Tür des Gepäckraums öffnete. Es erschien ein leuchtend roter Koffer, ein unglaublicher, unvorhersehbarer leuchtender Farbblitz; sehr charakteristisch für diese Zeit und diesen Tag.

Die starke Farbe Rot ist häufig in meinen Bildern zu sehen, vermutlich mehr als jede andere. Die alten Meister der Farbfotografie arbeiteten wahrscheinlich mit Kodachrome und auch die Rot-, Blau- und Gelbtöne in meinen Aufnahmen orientieren sich alle an den Farben, die jener Film produzierte. Von Malerei und Illustration beeinflusst, versuche ich, kräftige Farben in klaren Kompositionen zum Leuchten zu bringen, und schaue nach starkem Licht, das jeden Farbton lebendiger erscheinen lässt. Auch Farben, die ich nicht mag, beeinflussen mein Schaffen. Da ich das Neongelb einer Warnweste nicht ausstehen kann, haben meine Gelbtöne immer einen Senf- oder Orangeton, falls es sich bei der Bearbeitung korrigieren lässt. Meine Reaktion auf Farben ist ziemlich intuitiv und es kam schon vor, dass ich ein potenzielles Bild gesehen und gedacht habe: »Ich hasse diese Farbe«, woraufhin ich das Bild natürlich nicht gemacht habe. Früher fotografierte ich immer nur in Farbe, heute bin davon abgewichen: Wenn das Licht stimmt, fotografiere ich gerne in Schwarzweiß, um die Komposition herauszuheben. Manchmal muss man einfach ein Auge zudrücken.

»Je flüchtiger eine Lichtquelle, desto besser – man kann etwas festhalten, das sich nicht wiederholen wird.«

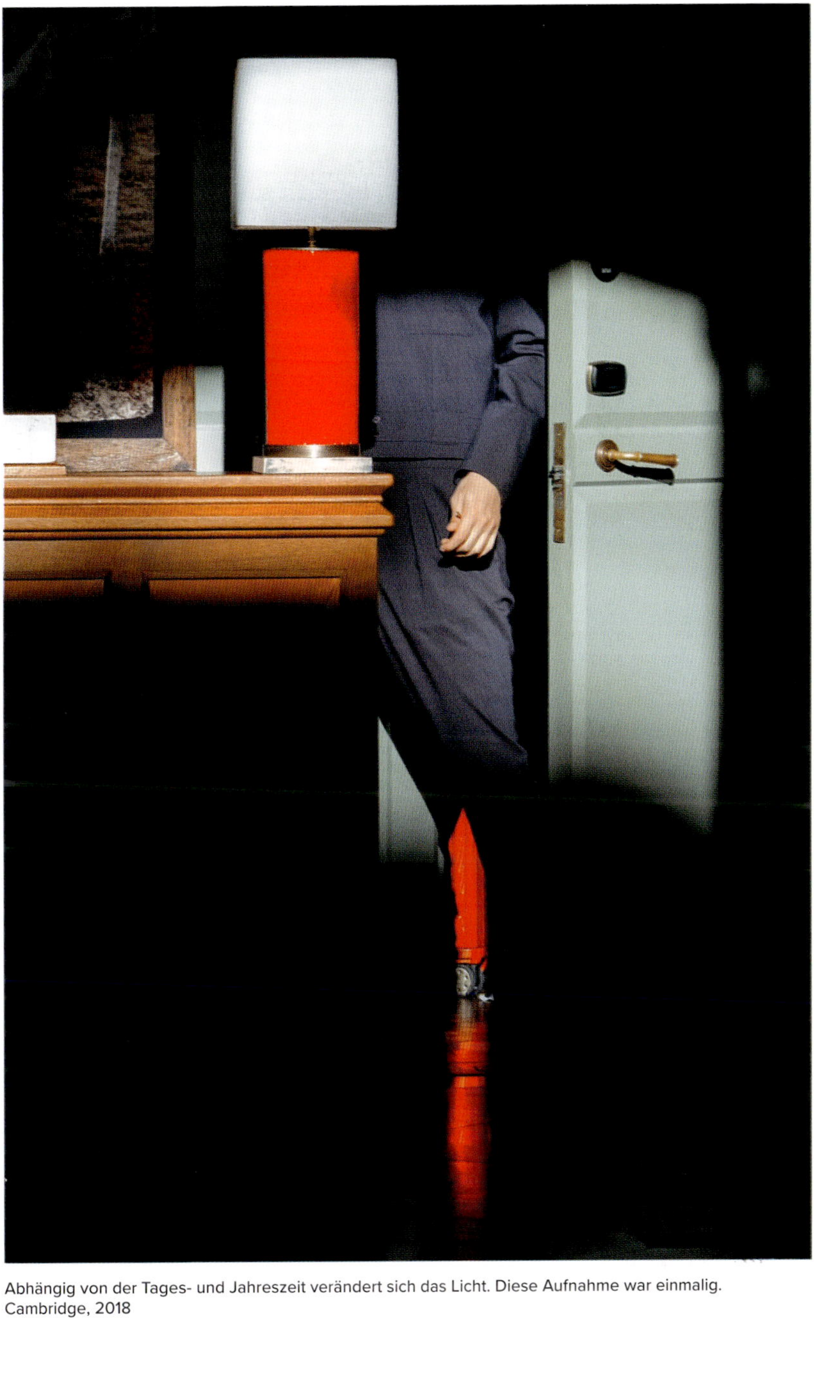

Abhängig von der Tages- und Jahreszeit verändert sich das Licht. Diese Aufnahme war einmalig. Cambridge, 2018

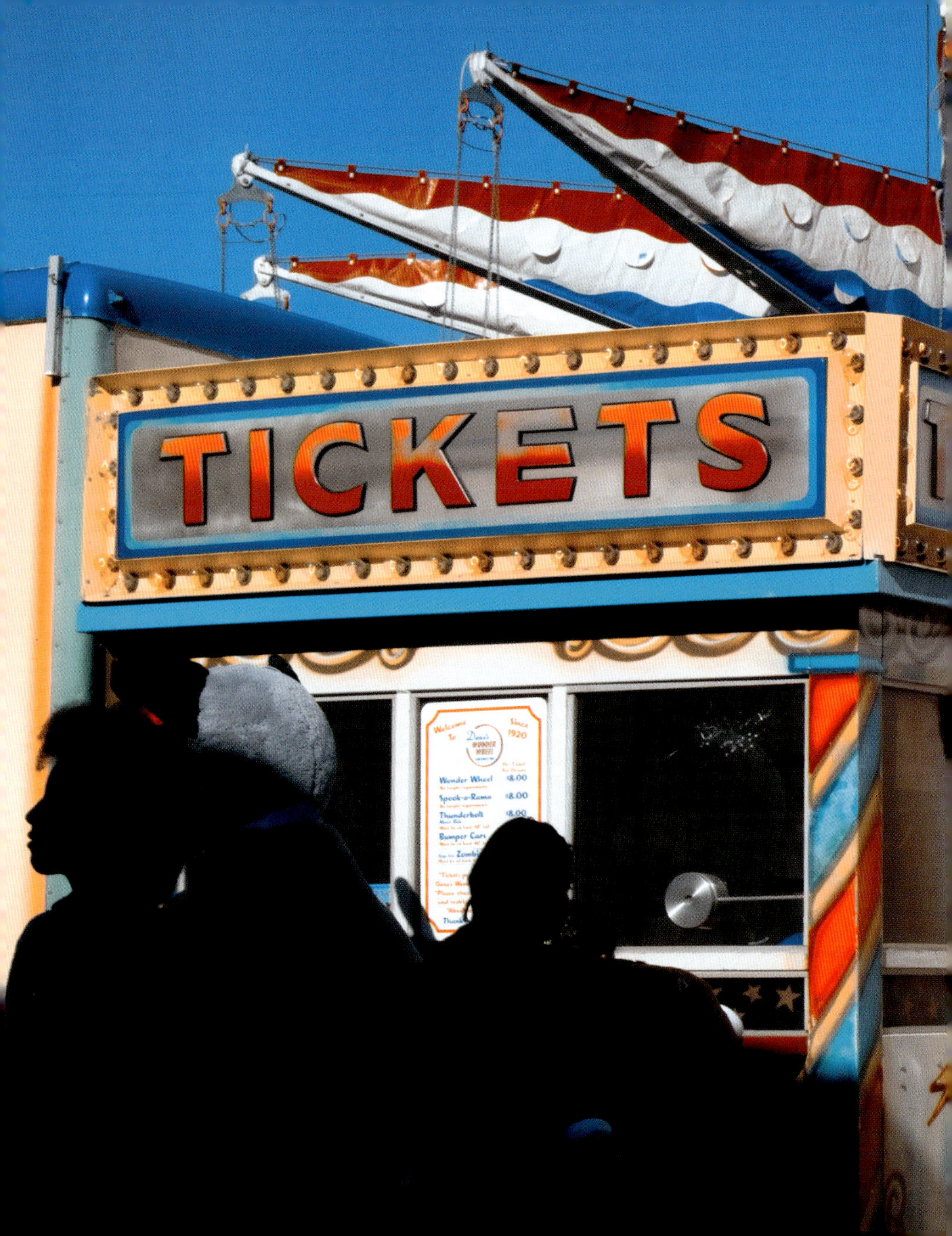
TICKETS
Welcome To
Since 1920
Wonder Wheel $8.00
Spook-a-Rama $8.00
Thunderbolt $8.00
Bumper Cars

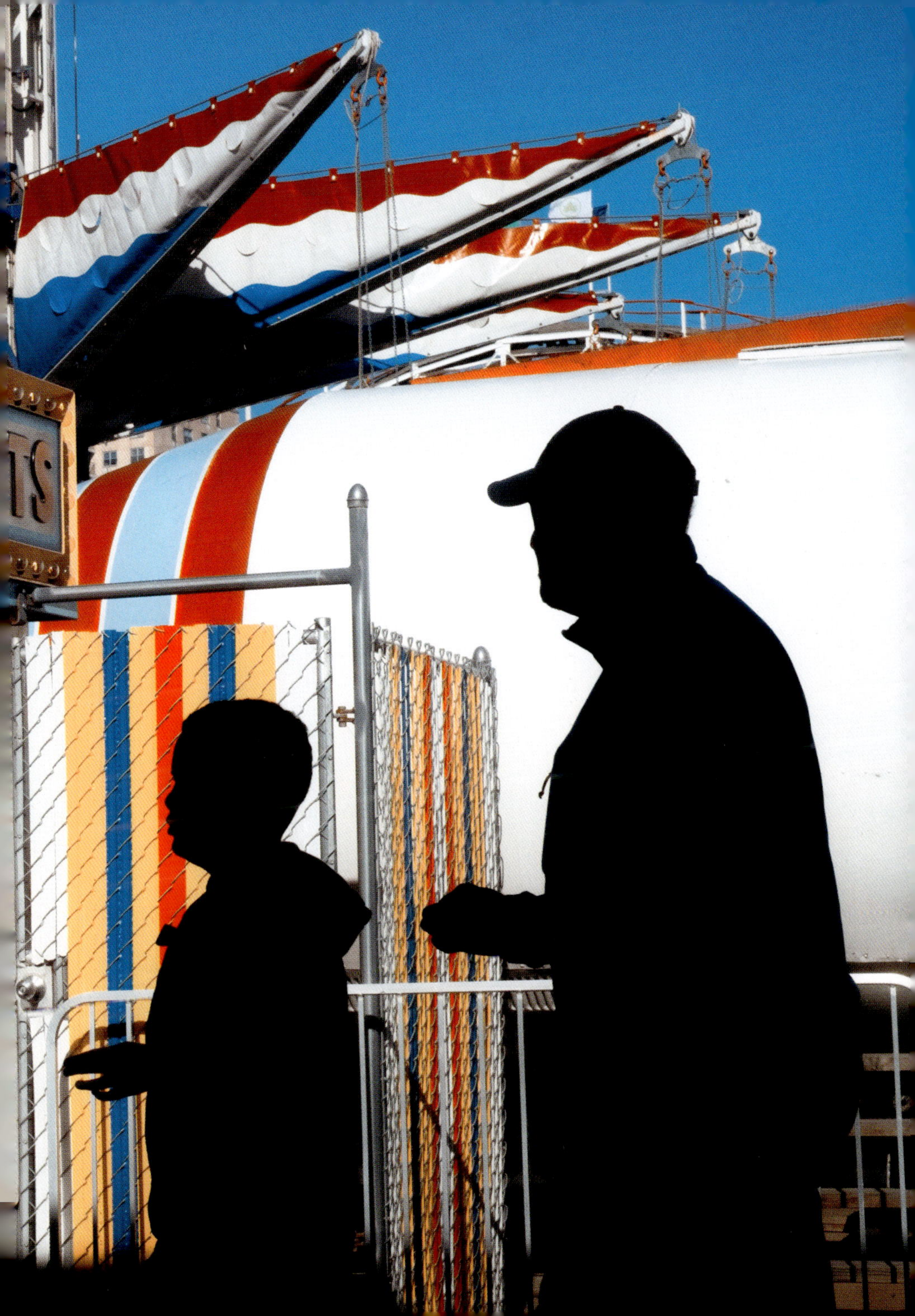

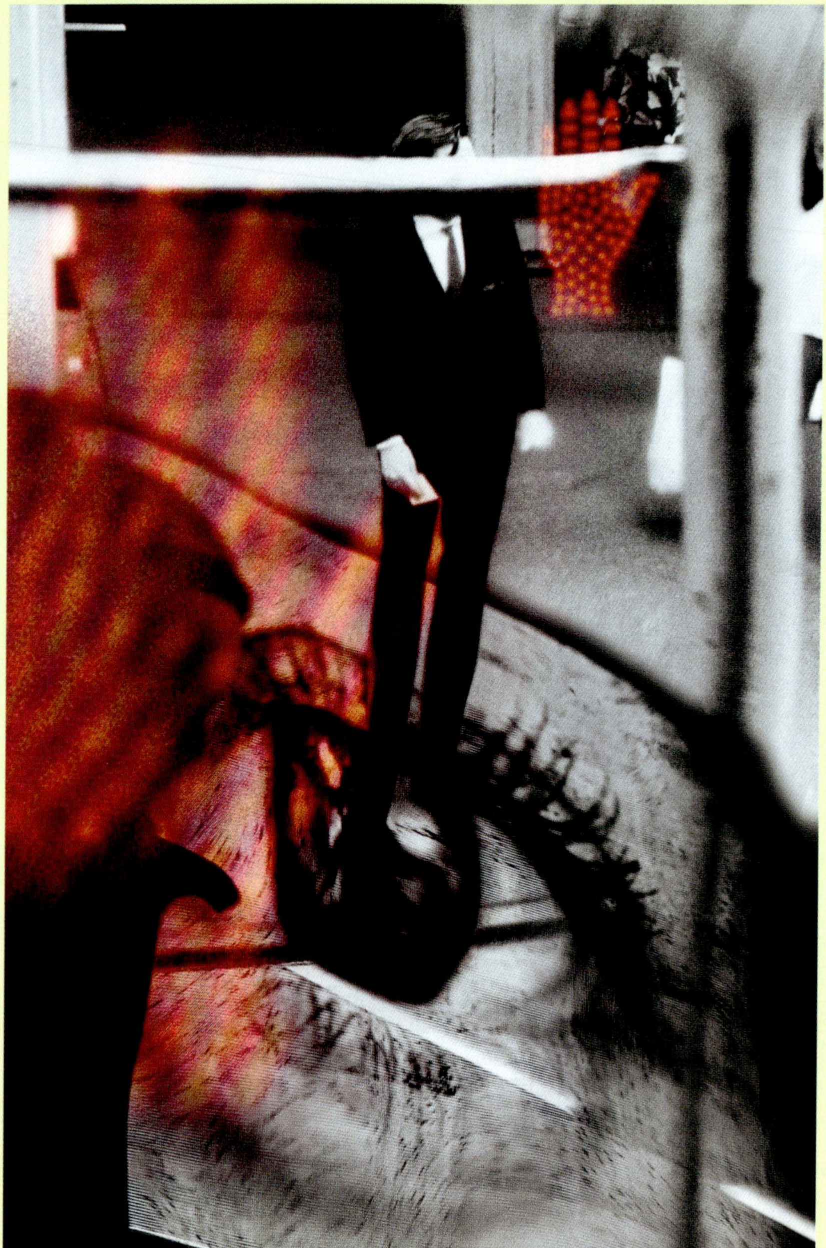

Bilder wie dieses kombinieren Figürliches – das Auge, die Person – auf abstrakte Weise.
New York, 2022

15/

Sieh die Welt abstrakt

Lerne, Spiegelungen zu sehen, bevor du siehst, was dahinter ist

Irgendwann ist das Auge so auf die fotografische Sicht der Welt getrimmt, dass man sich nicht mehr daran erinnert, wie sie vorher für einen aussah. Jedes Mal, wenn ich an einem Fenster vorbeikomme, werde ich mir dessen bewusst. Natürlich soll ein Fenster Licht in ein Gebäude lassen, um den Menschen die Möglichkeit zu geben, hinein- und hinauszusehen. Für mich ist ein Fenster zu einer interessanten Oberfläche geworden, auf der ich zuerst die Spiegelungen betrachte, bevor ich die Person sehe, die sich auf der anderen Seite befindet. Das hat schon zu peinlichen Situationen geführt, als ich meine Kamera auf ein wunderschönes Farbenspiel auf der Scheibe richtete und plötzlich jemanden bemerkte, der überrascht oder auch etwas irritiert durch das Fenster blickte. Das passiert öfter, als ich zugeben möchte, doch meistens nutzt mir meine Fähigkeit, Dinge abstrahierend zu betrachten.

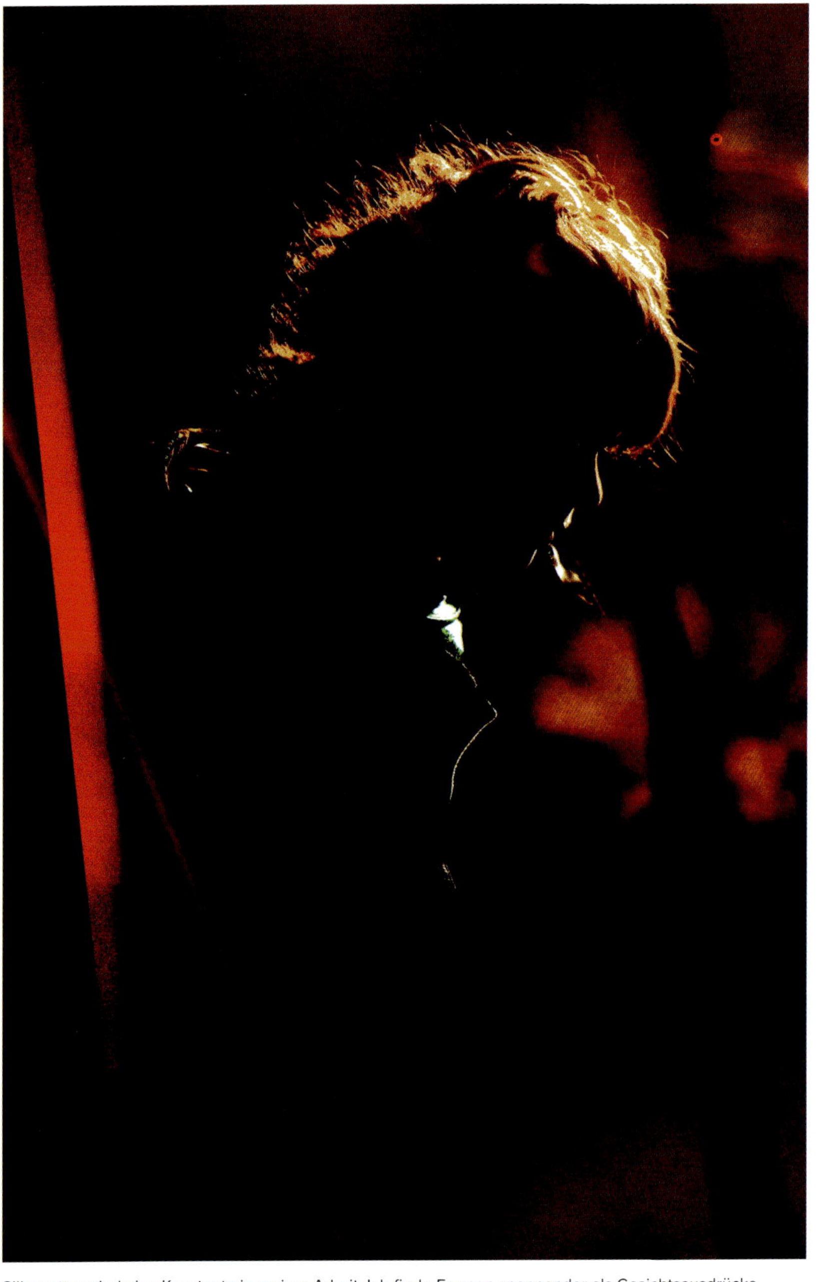

Silhouetten sind eine Konstante in meiner Arbeit. Ich finde Formen spannender als Gesichtsausdrücke.
OBEN Cambridge, 2022
RECHTS London, 2018

Meine Bilder sind nie ausschließlich abstrakt; ich verwende das Abstrahieren unter anderem, indem ich Menschen gegen das Licht fotografiere, um sie als Schattenrisse abzubilden: als Formen, nicht als Figuren. Gesten, Farben, Linien, Formen und Texturen interessieren mich mehr als Gesichter. Ich fotografiere gern durch Gegenstände wie geriffeltes Glas, was dem Bild eine gewellte, fast zerfurchte Struktur verleiht und ihm das Erzählende nimmt. So kann ich es – für mich – komplexer und interessanter gestalten. Es ist zu einfach, nur das zu fotografieren, was man vor sich hat. Das machen alle anderen auch. Als Fotograf kannst du es dir schwerer machen und dich herausfordern, indem du Schichten hinzufügst. Das fordert zwar deine Kreativität, macht aber auch viel mehr Spaß!

Ich habe ein Archiv von Objekten im Kopf, durch die ich fotografieren kann, von Orten und auch von Lichtsituationen, zu denen ich immer wieder zurückkehre. Wenn ich ein Fenster oder eine verzogene Glastür zu einer bestimmten Tageszeit sehe und niemand in der Nähe ist, kehre ich ein andermal zurück und schaue, ob ich jemanden jenseits davon sehen kann. Einmal nutzte ich das zerkratzte Plexiglas einer Bushaltestelle, das keinen Reiz gehabt hätte, wenn alles renoviert gewesen wäre. Die Kratzer verliehen dem Bild eine besondere Atmosphäre. Wenn man kaum durch etwas eigentlich Durchsichtiges hindurchschauen kann, wird bei starkem Licht früh am Tag und früh im Jahr Außergewöhnliches möglich. Auf meinem nebligen Bild ist alles in Rot getaucht, nur die Haarspitzen und das Profil einer Person sind beleuchtet. Bestimmte

»Es ist zu einfach, nur das zu fotografieren, was man vor sich hat. Das machen alle anderen auch.«

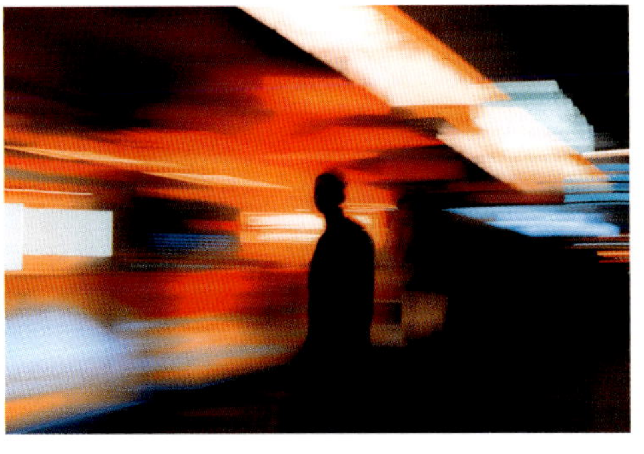

Kameraeinstellungen können abstrakte Effekte erzielen; hier etwa eine lange Verschlusszeit, die unterstützt, das Geschehen unscharf abzubilden. Die Szene scheint in Farbe und Form zu zerfließen und wird nur durch die Menschensilhouette in der Realität verankert.

Der Klassiker für verwischte, halb abstrakte Szenen sind Busfenster an Regentagen. Doch viele der alten Busse werden durch neue ersetzt und daher sind diese Bilder kaum mehr zu machen, denn die neuen Fenster beschlagen nicht. Ich habe noch ein paar Aufnahmen von beschlagenen Caféhausfenstern, auf denen man gerade noch eine Hand erkennen kann, die sich dagegen drückt – doch auch die Möglichkeit, solche Eindrücke festzuhalten, verschwindet mit Umbauten und Renovierungen. Der einst alltägliche Anblick kann bald als Relikt aus anderen Zeiten betrachtet werden, was ihn umso dokumentierenswerter macht. Gerne fülle ich Bildausschnitte auch mit Wiederholungen – etwa mit Mustern, die durch Stufen, Säulen oder durch eine Ansammlung von Menschen entstehen. Eine einzelne Person ist selten bemerkenswert, aber zehn oder 20 Menschen, die alle in der gleichen Farbe gekleidet sind, wie zum Beispiel die Männer in Anzügen, die im Gleichschritt gehen und blau-weiß gestreifte Regenschirme halten (Seite 48), oder auch eine Gruppe von Menschen, die zufällig alle zur gleichen Zeit Eis essen, können ein großartiges Bild ergeben.

Abstraktionen wahren eine gewisse Anonymität und können Bildern einen universellen Charakter verleihen. Im Gegensatz dazu sind Menschen das Narrativ einer Aufnahme. Falls das Motiv darauf basiert, was eine Person trägt, wie sie aussieht oder schaut, kann es zu spezifisch und somit langweilig wirken. Kann der Betrachter etwas erblicken, das gerade passiert und auf jeden zutreffen könnte, wie zum Beispiel einen emotional fesselnden Moment, dann wird es interessant. Die Welt auf diese Art wahrzunehmen, kann man mit dem Wissenstest vergleichen, den ein Londoner Taxifahrer machen muss: Er muss jede Hauptstraße, jede Seitenstraße und jede Gasse der britischen Hauptstadt auswendig kennen. Eine solche Übung programmiert das Hirn auf eine Weise um, die nie wieder rückgängig gemacht werden kann.

»Abstraktionen wahren eine gewisse Anonymität, die Bilder so universell machen, wie es sonst schwer zu erreichen ist.«

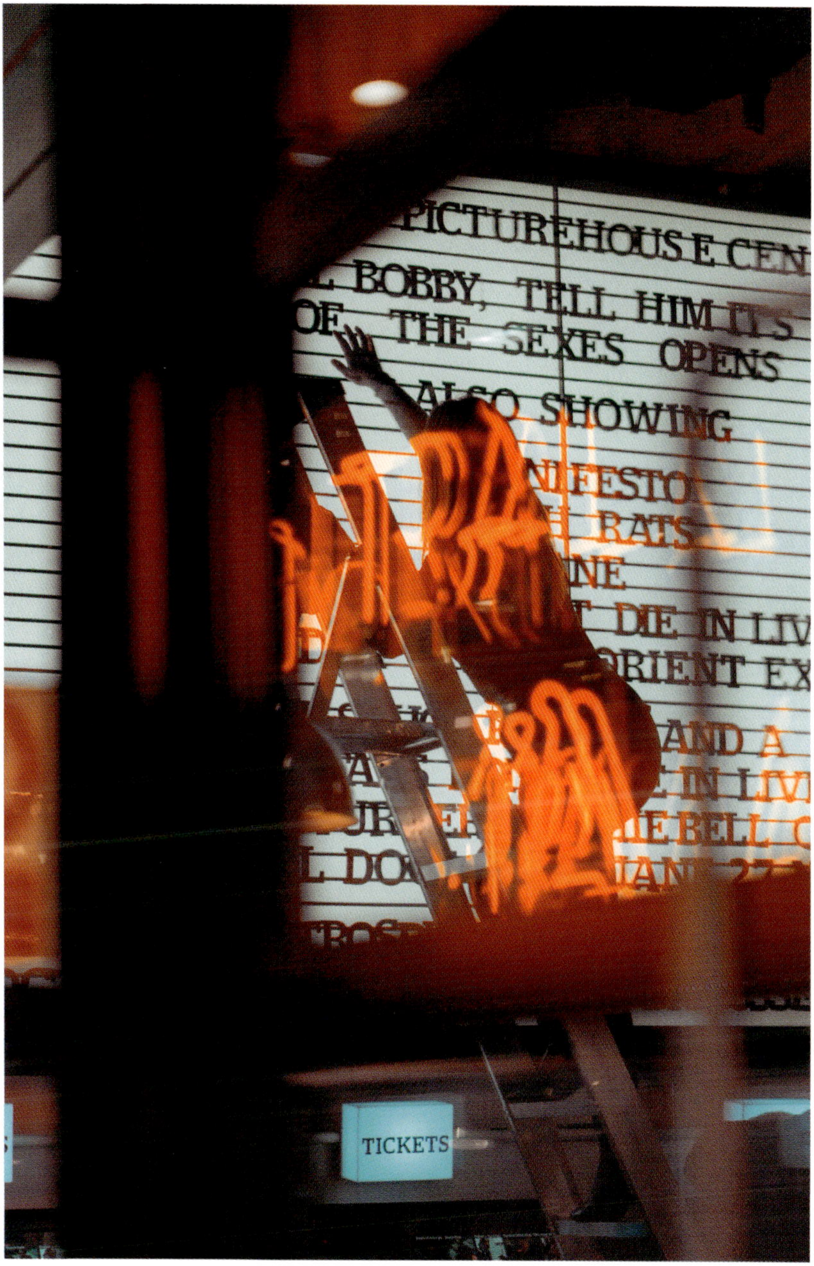

Blendet man die Besonderheiten einer Person in einem Bild aus, öffnet man es für Interpretationen.
London, 2017

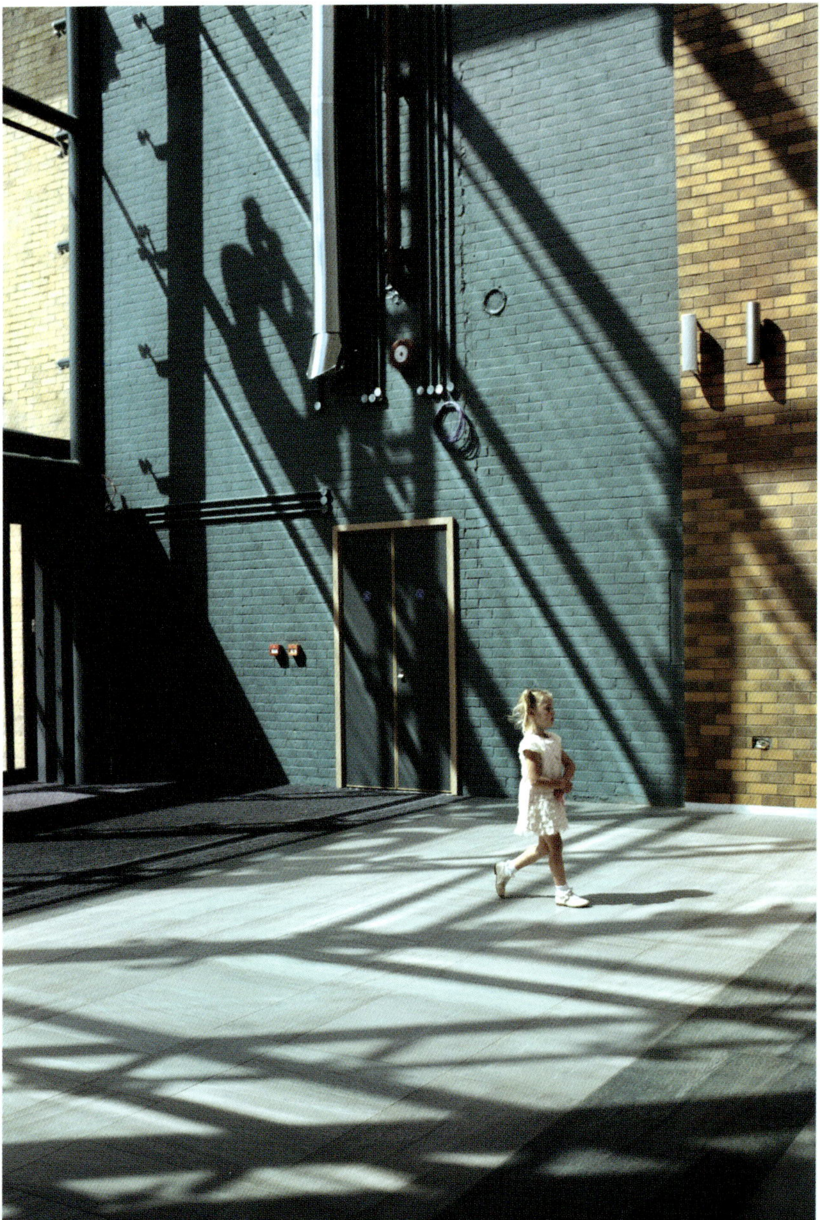

Cambridge ist eine geschichtsträchtige Stadt, doch das sieht man meinen Bildern nicht an.
Cambridge, 2017

16/

Kenne dein Revier

Mach dir gedanklich ein Archiv von Orten in deiner Stadt, die du immer wieder aufsuchen kannst

Viele Menschen assoziieren Streetfotografie mit New York: riesige Wolkenkratzer, gelbe Taxis, Graffiti und mehr als acht Millionen Menschen. Man denkt nicht an Cambridge – eine historische Stadt in England, die für ihre renommierte Universität und hübschen Gebäude bekannt ist und weniger als 150 000 Einwohner hat. Es ist kein Wunder, dass der Big Apple ein Synonym für das Genre ist, viele große Fotografen haben dort ihre ersten Gehversuche gemacht; auch jene, die mich am meisten beeinflussten – Saul Leiter und Ernst Haas. Denkt man an Cambridge, kommen einem lauter Postkartenmotive in den Sinn – die Rückseiten der Colleges, Radfahrer, Studierende in Roben –, die ich jedoch konsequent vermieden habe.

Ich war nie ein Fan von Architektur, habe nie auf Dinge geachtet, die sie einzigartig macht, wie z. B. die Pförtner an den Colleges der Universitäten, doch wenn ich hin und wieder ein Foto

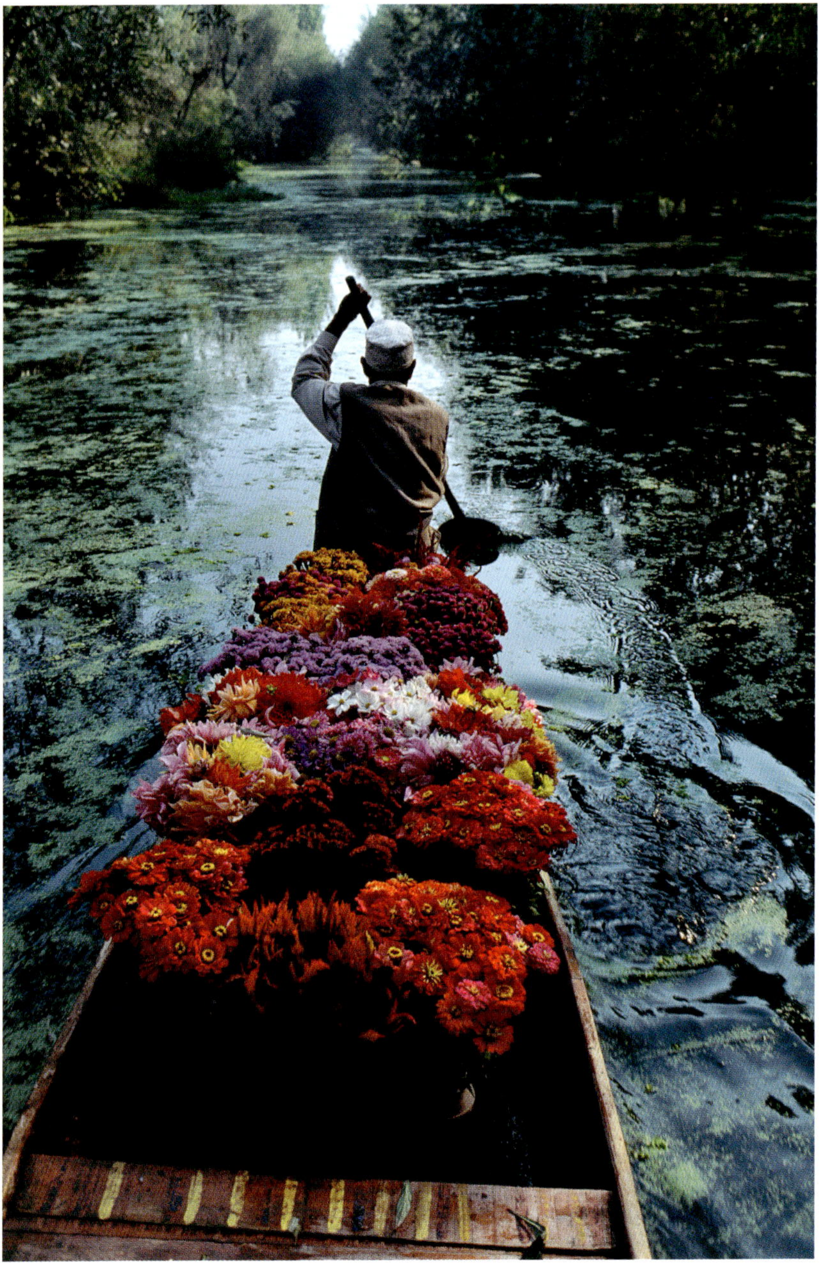

Ich will seit einiger Zeit eine von diesem Bild inspirierte Aufnahme auf dem River Cam machen. Es ist nur eine Frage der Zeit.

davon mache, gefällt es vielen in den sozialen Medien. Es macht Sinn, denn obwohl ich sie jeden Tag sehe, bekommen viele Leute sie nie zu Gesicht. Das lässt mich annehmen, dass ich aufhören sollte, Dinge abzulehnen, die nicht meiner Ästhetik entsprechen und zu touristisch wirken. Das offensichtlich »Schöne« lockt mich nicht, da ich Gedanken habe wie: »Wenn jemand anderes hier entlanggegangen wäre, hätte er genau dieses Bild gemacht. Wieso ich?« Es wäre anders, wenn ich eine Komposition sehen würde, die auch andere machen würden, wenn sie könnten – die es aber noch nicht gibt. Vielleicht würde ich dann die Aufnahme machen.

»Wer sein Revier kennen will, muss verstehen, was den Ort auszeichnet, an dem man lebt oder fotografiert.«

Hier ist ein Beispiel für meine Herangehensweise: Ich versuche schon seit einiger Zeit, ein Bild zu machen, das an ein Foto des Magnum-Fotografen Steve McCurry aus dem Jahr 1999 erinnert. Es zeigt einen Mann mit einer Stange, der ein mit Blumen beladenes Boot durch den Dal-See in Indien stechpaddelt. Mein Kontext ist natürlich ein anderer, hat aber eine gewisse Ähnlichkeit. Ich möchte einen Stechkahnfahrer fotografieren, der unter der Mathematical Bridge im Queens' College hindurchfährt. Die 1749 nach einem genialen Entwurf von James King erbaute Brücke nutzt nur die Schwerkraft, um alle Elemente in der Schwebe zu halten. Typisch Cambridge! Auf der rechten Seite steht ein Gebäude, die Bäume links sind voller Sommerlaub und die Spiegelungen der beiden Seiten bilden ein perfektes Dreieck auf dem Wasser – genau wie auf dem McCurry-Bild! Am Himmel gibt es eine weitere große, helle V-Form. Diese zwei V treffen genau an der Spitze jener Stange aufeinander, mit der der Kahn bewegt wird. Man muss an einem Wochenende, früh am Morgen, hingehen, um das richtige Licht abzupassen, denn an anderen Tagen ist niemand auf dem River Cam unterwegs.

Manchmal muss man reisen, um seinen Horizont zu erweitern, Distanz zu schaffen und zu erkennen, was den eigenen Wohnort besonders macht. Ist einem das nicht möglich, lassen sich verschiedene Orte der Welt mithilfe des Internets entdecken. Das ist ein großer Vorteile der sozialen Medien – es ist ganz einfach zu sehen, wo andere auf der Straße fotografieren, und dieses Metier verstehen lernen. Die Idee ist alt: Zeige den Menschen vertraute Dinge auf eine neue Art – oder neue Dinge auf eine vertraute Art. Wer etwas fotografiert, das noch niemand gesehen hat, muss das nicht auf ungewöhnliche Art tun. Umgekehrt überzeugt auch Porträtfotografie, wenn sie ein Gesicht, das man sein ganzes Leben schon betrachtet hat, auf eine nie gesehene Weise zeigt.

Sein »Revier« zu kennen, heißt zu verstehen, was den Ort auszeichnet, an dem man lebt und fotografiert. Man sollte die Vor- und Nachteile für die Streetfotografie ermessen sowie auch die Straßen in- und auswendig kennen. Das kann man nur erreichen, wenn man sich viel Zeit nimmt, um die Gegend zu erkunden und sie aus allen Blickwinkeln, zu allen Tages- und Jahreszeiten zu beobachten. Ich erinnere mich, wie ich als skateverrücktes Kind mit meinen Eltern im Auto saß und während der Fahrt aus dem Fenster starrte, als wäre die Stadt ein Film. Ich sah ein Geländer und wollte mir unbedingt den Ort merken, da ich darauf skaten wollte. Ich bin immer noch sehr aufmerksam, doch jetzt schaue ich nach Bildern.

Ich archiviere Orte, Szenen, Objekte und Lichtquellen meiner Umgebung im Kopf. Das meiste nur für ein paar Tage, einiges auch länger. Es gab einen Ort in New York, den ich mir ein ganzes Jahr gemerkt habe. Ich kam dort zur falschen Tageszeit an einer Mauer vorbei und hatte lange keine Gelegenheit, sie zur richtigen Zeit zu besuchen. Sie war ein beliebtes Motiv, aber eines, das ich abhaken musste. Diese Dinge sind nicht systematisch in Tabellen oder Ordnern auf dem Laptop gespeichert, sondern befinden sich in meinem Kopf oder in meiner Kamera. Ich möchte nochmals betonen: Es ist wichtig, viele Fotos zu machen. Es ist eine hervorragende Methode, um sich kreativ freizuspielen und um sich Dinge zu notieren. Viele »Testaufnahmen« werde ich mir zwar nie wieder genauer ansehen, allerdings war der Akt, die Kamera zu heben und einen bestimmten Ort als potenzielle Komposition festzuhalten, entscheidend, um sich zu erinnern und zu wachsen.

Vieles in meinem »Archiv« ist vergänglich, weil die Stadt ständig in Bewegung ist und sich verändert. Meistens entdecke ich einen Ort und denke, dass dort ein schönes Bild entstehen könnte, für das ich noch einmal wiederkommen kann. Im Januar 2019 fiel mir auf, wie das mittägliche Winterlicht auf die Stufen des Ivy in Cambridge fällt. Nach mehreren Besuchen gelang mir die Aufnahme einer Frau, die das Restaurant in roten Stöckelschuhen betritt. In der Regel versuche ich, nicht allzu lange an möglichen Motiven festzuhalten. Es gab nur wenige Fälle, bei denen ich wie besessen war und immer wieder zurückkehren musste, bis ich die Aufnahme im Kasten hatte – so wie jetzt mit dem Stechkahn: Ich bleibe hartnäckig und behalte mein Ziel im Auge.

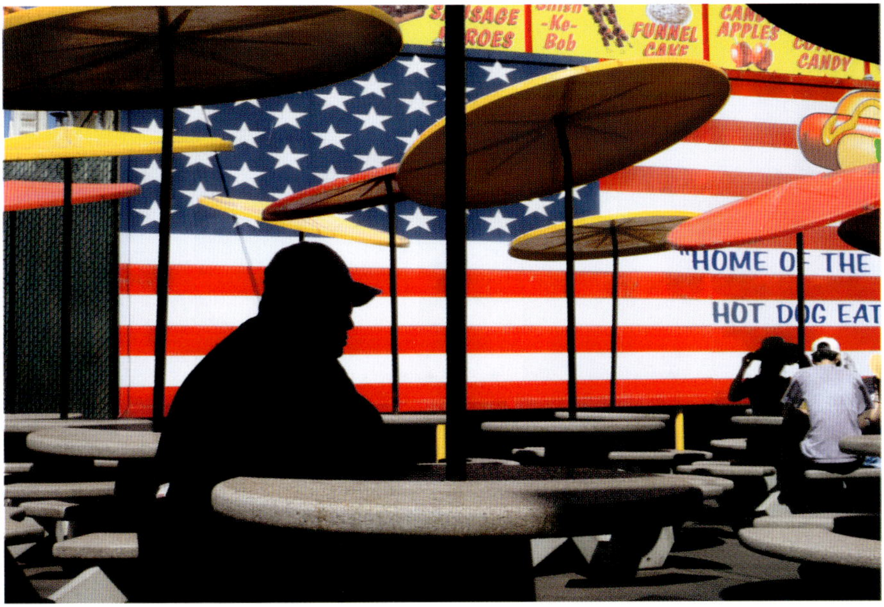

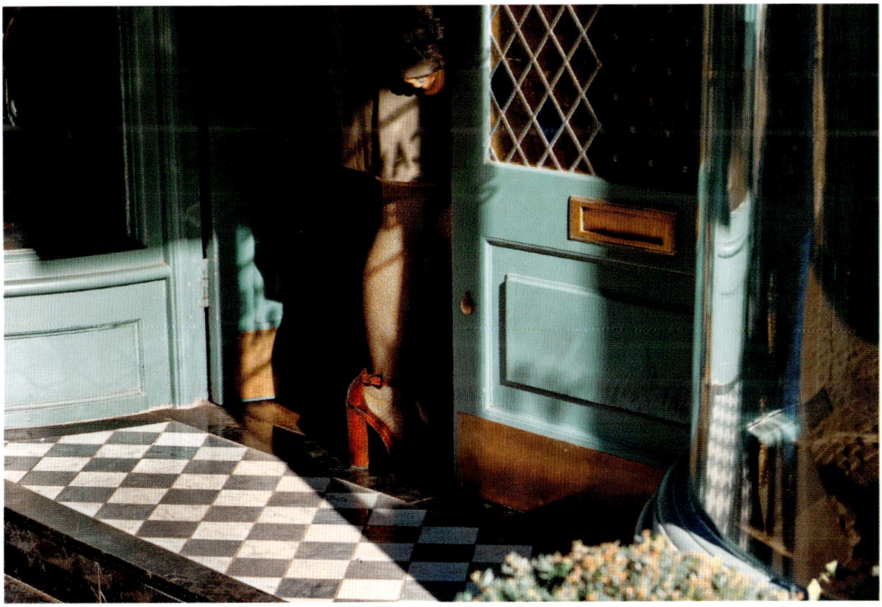

Ich habe ein Archiv von Orten und Szenen im Kopf, die ich gerne fotografieren möchte.
OBEN New York, 2019
UNTEN Cambridge, 2019

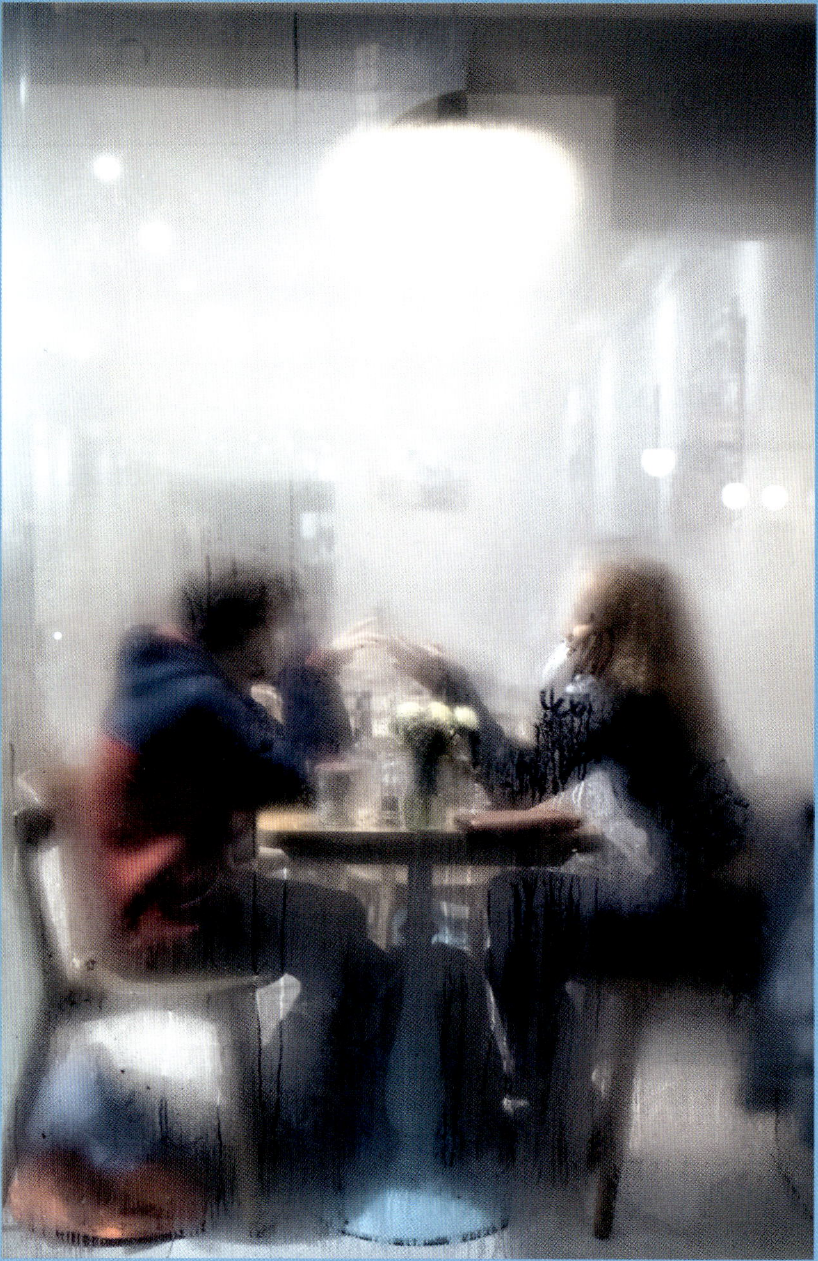

Warte mit der Bearbeitung. Etwas Distanz hilft dir, besser einzuschätzen, welche Bilder du behalten solltest.
Cambridge, 2017

17/

Sei kritisch

Schaffe eine gewisse Distanz zu deinen Bildern, damit du objektiv auswählen kannst

Beim Fotografieren halte ich mich nicht zurück. Arbeite ich in einer fremden Stadt, haben sich am Ende einer Woche schnell bis zu 10 000 Bilder angesammelt, Testbilder inklusive. Bei einem Mittagspausengang durch das vertraute Cambridge mache ich hingegen nur eine Handvoll Bilder. Es ist möglich, dass ich an einem Tag mit 50 Fotos zurückkomme, die sich auf nur zwei oder drei interessante Motive konzentrieren. Dann sehe ich mir die Fotos an und stelle womöglich fest, dass eines gar nicht so gut ist und bei einem anderen ein bestimmtes Element fehlt, das ich abbilden wollte. Das kann darin resultieren, dass ich von 50 Fotos nur acht importiere – und zwar die, die ich behalten und bearbeiten möchte.

Wenn es mir möglich ist, warte ich nach der Aufnahme mit der Bearbeitung – je länger, desto besser. Das unterstützt mich, Distanz zu schaffen, sodass ich weniger emotional involviert bin. Wenn ich meine Bilder durchsehe, habe ich normalerweise eines der Bilder

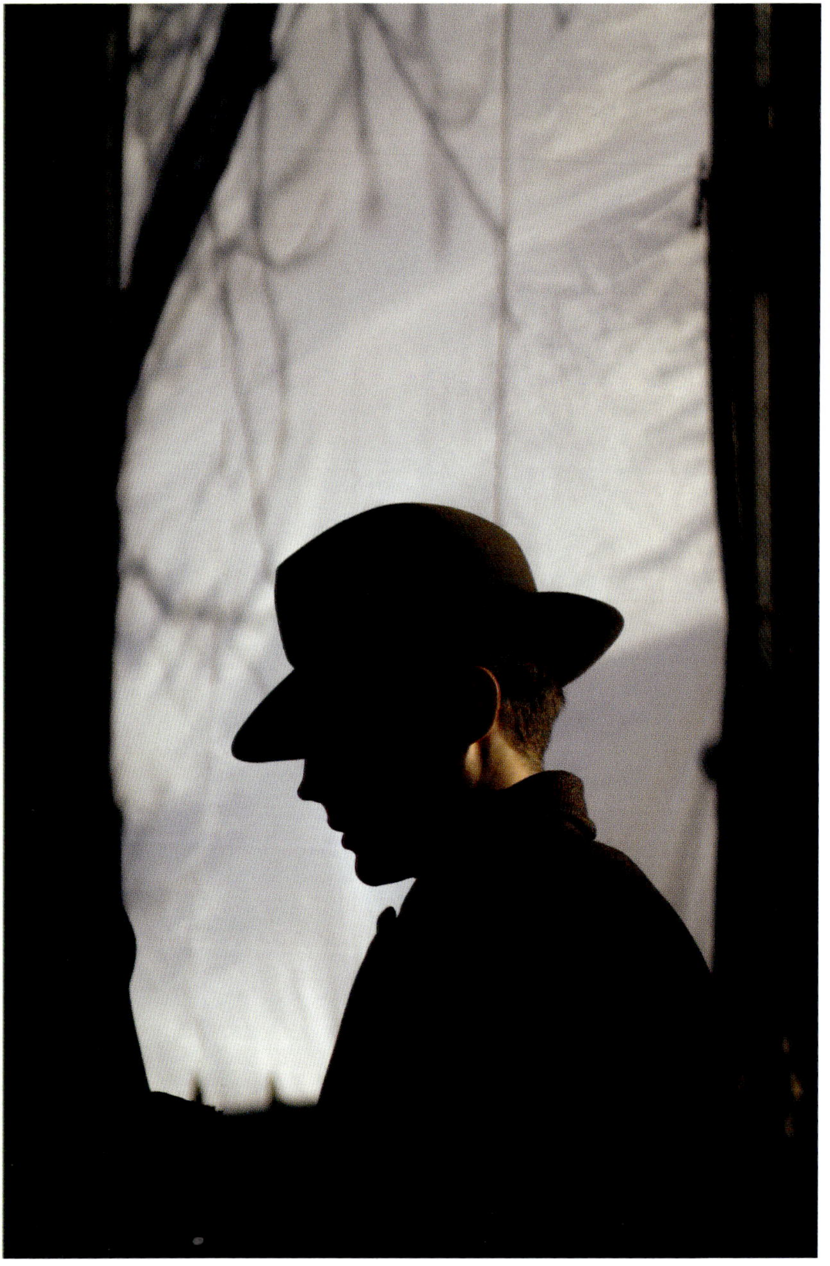

Um sich durchzusetzen, muss mich ein Bild schon als Vorschaubild fesseln.
Cambridge, 2017

zur Bearbeitung geöffnet, blättere aber gleichzeitig durch die anderen, oft fast identischen Versionen. Kann ich mich partout nicht entscheiden, schaue ich auf die kleinere Vorschau im »Navigator«. Da die Komposition ein zentraler Aspekt meiner Arbeit ist, muss ein Bild auch meine Aufmerksamkeit erregen, wenn es klein ist. Wenn es das nicht tut, ist es womöglich zu überladen. Habe ich die Wahl zwischen vier oder fünf Bildern, kann ich problemlos entscheiden, welches Bild das stärkere sein wird. Muss ich mich zwischen zweien entscheiden, reicht ein kurzes Hin und Her.

In der Regel zeige ich meine Arbeit erst, wenn ich meine Wahl getroffen habe. Arbeite ich mit anderen Fotografen zusammen und wir fotografieren das gleiche Motiv aus verschiedenen Blickwinkeln, vergleichen wir die Bilder meist auf den Displays unserer Kameras und können in etwa sehen, welches das bessere ist. Sind die Aufnahmen der anderen besser, gehe ich zum nächsten Sujet über. Ich profitiere sehr davon, mir so oft wie möglich die Arbeiten anderer Streetfotografen anzusehen. Manche Leute vermeiden es, um negativen Gefühlen von Vergleich und Konkurrenz zu entgehen, mich aber motiviert es. Vergleiche ich mich und sehe meine Arbeit daraufhin kritischer, ärgere ich mich etwas, bin aber motiviert, mich zu verbessern.

»Vielleicht entdeckt man ein kleines Element, das man erst übersah, weil man sich auf etwas anderes konzentrierte.«

Ich finde Originaldateien mit meinem Telefon und kann von dort auf alles zugreifen. Mir ist klar geworden, dass ich viel aus den Bildern lerne, die ich verwerfe. Wenn ich eine Aufnahme verpatzt habe, mache ich denselben Fehler nicht noch einmal. Im Rückblick auf seine Arbeit entdeckt man viele lehrreiche Dinge, wie zum Beispiel ein besonderes kleines Element, das die Komposition unterstützt, das man aber erst übersah, weil man sich auf etwas anderes konzentrierte. Deshalb sollte man auch die Bilder behalten, von denen man ahnt, dass sie Potenzial haben.

Nur nach großen Reisen wie nach New York importiere ich jedes Bild und sogar Serienaufnahmen der gleichen Komposition. Es können kleinste Unterschiede sein, die ein Bild besser machen als ein anderes – zum Beispiel etwas, das sich hinter dem Motiv befindet und nicht richtig ausgerichtet ist. Bei einer Silhouette kann es sein, dass der Kopf der Person vielleicht ganz leicht gedreht ist,

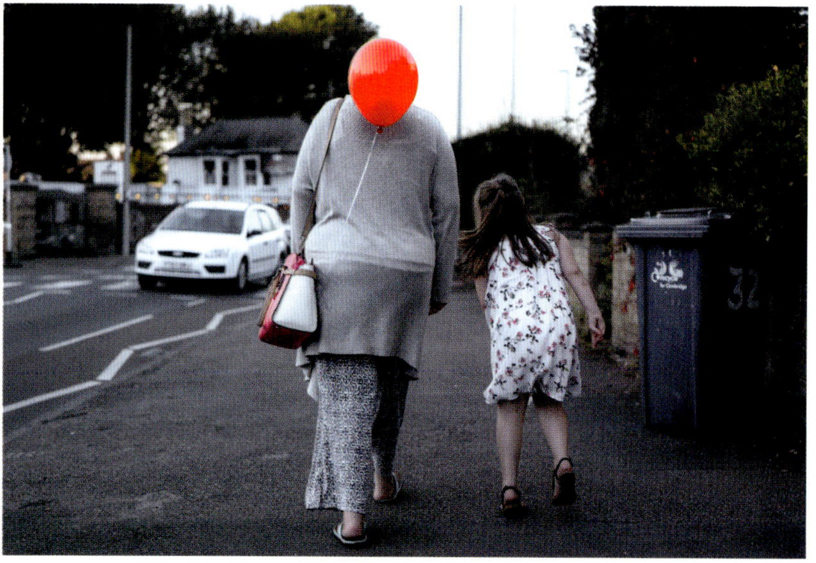

Die Auswahl der Bilder ist für deinen fotografischen Stil ebenso entscheidend wie deine Art zu fotografieren. Cambridge, 2018.

sodass sie profilierter zu sehen ist. Bei Silhouetten handelt es sich oft um den Bruchteil einer Sekunde, in dem sich das Kinn von der Schulter löst. Manchmal muss man Kompromisse eingehen, um eine Entscheidung zu treffen, bei der man bleibt.

Verworfene Bilder sind – ähnlich wie Kontaktabzüge der analogen Fotografie – für andere oft interessant, weil sie einen Einblick in den Schaffensprozess geben. Man kann witzige Wege finden, um sie Followern freizugeben. Drei oder vier tolle Aufnahmen desselben Motivs kannst du als Karussell-Post bei Instagram einstellen, um Followern deine Foto-Variationen zu zeigen. Ich habe »Vorher«- und »Nachher«-Aufnahmen des schwebenden Huts gepostet, bei denen man immer noch den Oberkörper des Mannes sehen kann, und auch ein Bild der Kinder von der Schaukel der Tate Modern, wie sie durchs Bild laufen (Seiten 95 und 121). Es bietet einen guten Anlass, um über die Bildwahl zu diskutieren und zu überlegen, was funktioniert und was nicht und warum man welche Entscheidung trifft. Es kann anderen kreativen Köpfen dabei helfen, einen eigenen Streetfotografiestil zu entwickeln.

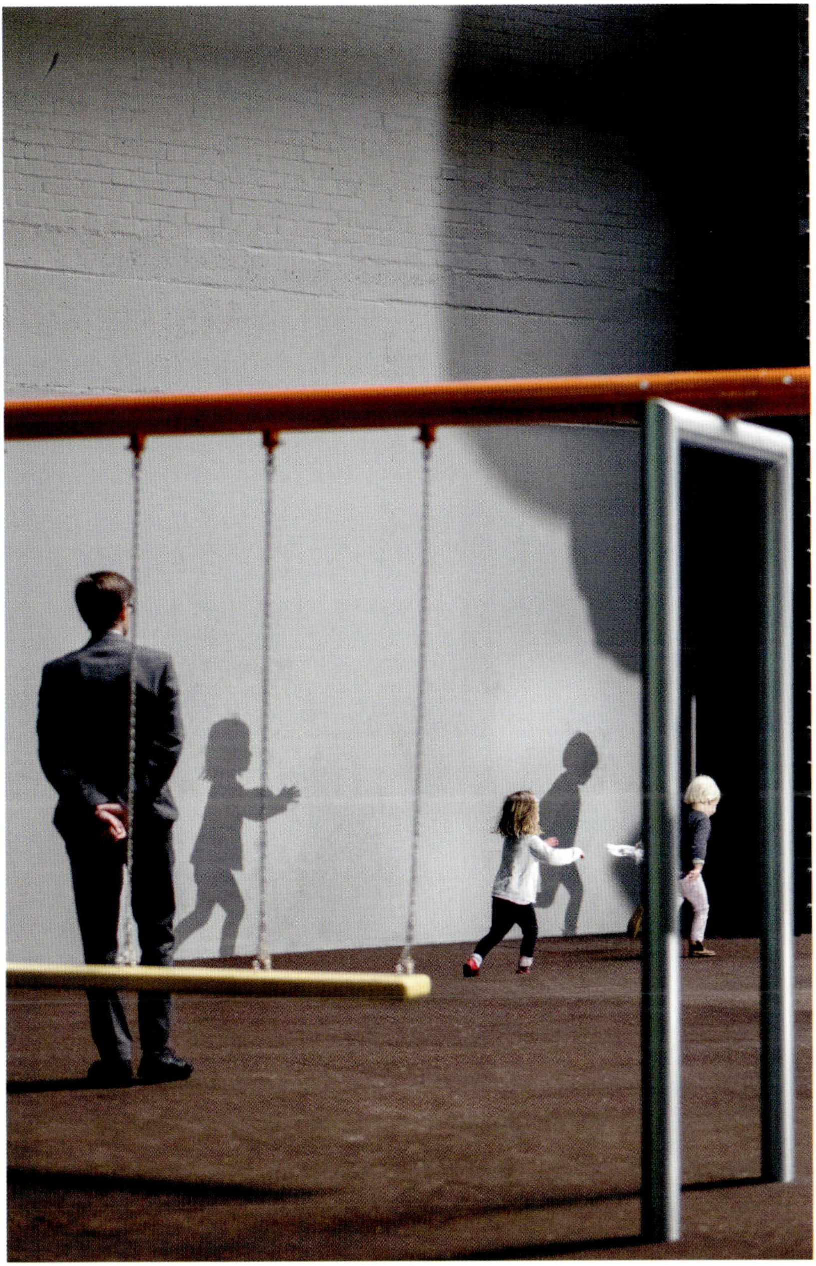

Meine Follower lieben verworfene Bilder wie diese Aufnahme der Tate-Modern-Schaukel (siehe S. 72/73). London, 2017

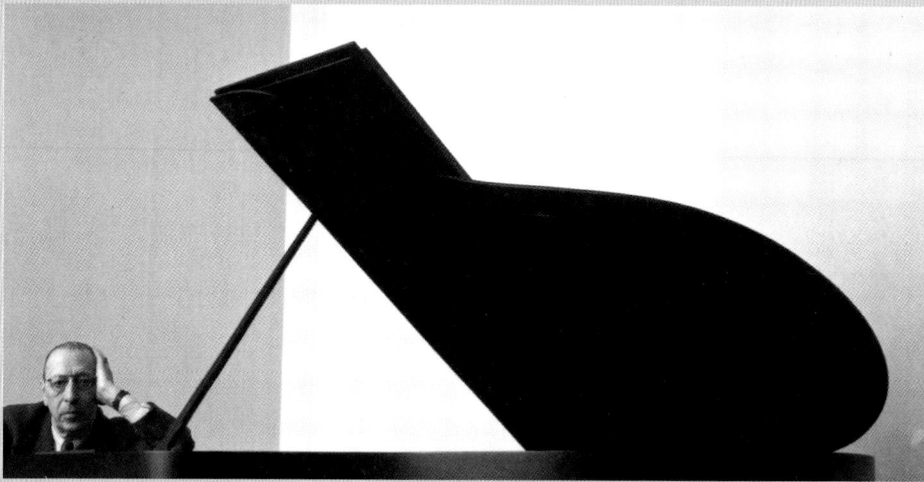

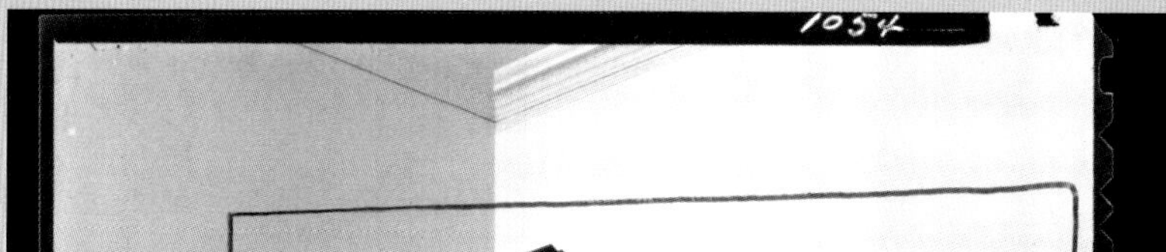

Ein Beispiel, das ich immer wieder als Beweis dafür anführe, dass die Verwendung eines Bildausschnittes ein wirkungsvolles Gestaltungsmittel ist.

18/

Lass deine Bilder leuchten

Bearbeite mit Bedacht – präzise, behutsame Korrekturen holen das Beste aus deinem Bild heraus

Der amerikanische Fotograf Arnold Newman war bekannt für seine Porträts von Musikern und Künstlern. Eines seiner Bilder werde ich nie vergessen. Der Erfolg dieses Bildes liegt nicht so sehr an dem, was in den Bildrahmen hineingenommen wurde, sondern an dem, was entfernt wurde. Es ist ein Porträt des russischen Komponisten und Pianisten Igor Strawinsky mit seinem Flügel. Strawinsky sitzt in der linken unteren Bildecke und wirkt fast eingekeilt: Er stützt den Kopf in seine Hand, während das gewaltige Musikinstrument neben ihm fast den gesamten Rest des Bildes einnimmt. Eine unkonventionelle Komposition! Bei einem Porträt erwartet man eigentlich, dass die porträtierte Person das prominenteste Bildelement ist, doch die Komposition dieser Aufnahme verrät etwas viel Wichtigeres: die Intensität der Beziehung des Musikers zu seinem Instrument.

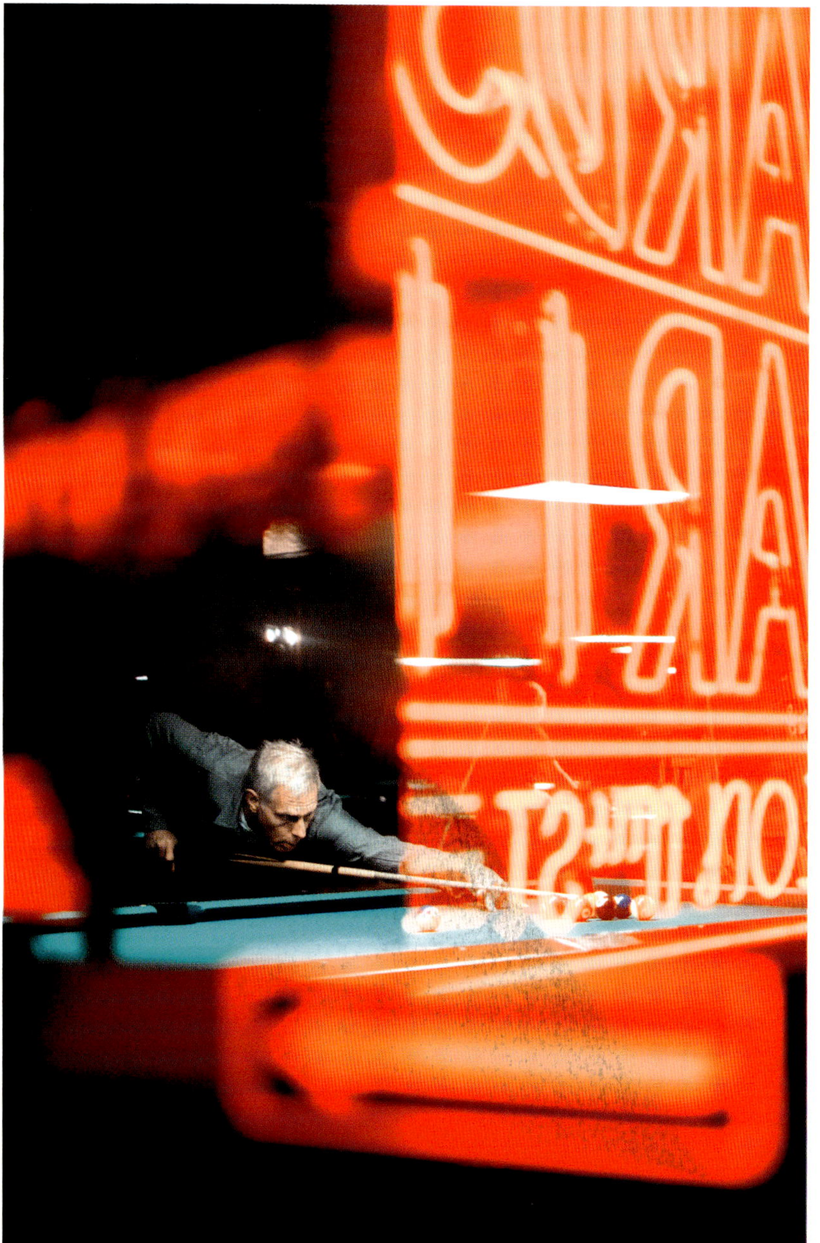

Intensiviere ich Farbtöne, wie dieses Rot, achte ich sehr darauf, dass sie noch realistisch wirken.
New York, 2018

Ich kenne die Originalaufnahme: ein größerer Bildausschnitt mit eingezeichnetem Beschnitt, bei dem die Klavierbeine zu sehen sind. Das zugeschnittene Bild ist ein brillantes Stück Grafikdesign, sparsam bis zur Perfektion, bar aller überflüssigen Elemente – was bleibt, ist absolute, minimalistische Klarheit. Als ich das Original sah, dachte ich nicht: »Oh, er will beschneiden, also ist es nicht gut«, sondern: »Ein Glück, dass er es beschnitten hat.« Auch für mich hat das Ergebnis Priorität und ich folge diesem Ethos bei der Arbeit an meinen Bildern. Es gibt auch Puristen, Streetfotografen, die weder bearbeiten noch beschneiden. Bis zu einem gewissen Grad gebe ich ihnen recht – es ist toll, wenn man sein Werk bereits beim Aufnehmen perfektioniert. Man sollte definitiv nicht mit dem Weitwinkelobjektiv herumlaufen und alles beschneiden, was man fotografiert hat. Ich habe allerdings einen ästhetischen Anspruch entwickelt, der oft erst durch das Beschneiden erfüllt wird: Wenn ich dadurch etwas klarer machen kann, dann tue ich das.

»Die Hauptregel, auf die sich Streetfotografen bei der Bearbeitung einigen, ist, dem ungestellten Element treu zu bleiben.«

In meinem Tate-Modern-Bild mit den Kindern auf der Schaukel (Seite 73) befand sich beispielsweise ein schwarzer Rucksack, den ich weggeschnitten habe – es gab keinen Grund, ihn im Bild zu behalten. Die Hauptregel, auf die sich Streetfotografen bei der Bearbeitung geeinigt haben, ist die, dem ungestellten Element treu zu bleiben. Es ist also in Ordnung, etwas zuzuschneiden, jedoch ein Tabu, Elemente aus dem Bild zu entfernen. Das Bild muss weiterhin eine akkurate Darstellung von dem Motiv und dem Setting sein, das man gesehen hat.

Selbst bei krassester Bildbearbeitung – und manche Streetfotografen tun alles dafür, dass die Bilder aussehen wie Stills aus *Blade Runner* – sind Bilder der Streetfotografie niemals inszeniert. Auf meiner Aufnahme des Herrn in London, der ein Telefon und den Mund-Nasen-Schutz in der Hand hält (Seite 76), ist ein Baumwollfaden am Jackettsaum zu sehen, der mir überhaupt nicht gefällt – ich hasse ihn! Leider kann ich ihn nicht entfernen und er muss dort sein, um die Authentizität der Aufnahme zu wahren. Würde es sich jedoch um einen Makel handeln, der durch Staub auf meinem Sensor verursacht wurde und somit Teil der Aufnahme ist, würde es mich nicht stören, ihn zu entfernen.

Mit der Bearbeitung eines Bildes verbringe ich höchstens ein paar Minuten, indem ich behutsam die Farben korrigiere. In den ersten Jahren war ich damit zurückhaltender, aber jetzt sind kräftige, aber trotzdem natürlich aussehende Farben zu meinem Markenzeichen geworden. Besonders wichtig ist es mir, die Natürlichkeit der Hauttöne zu erhalten und die Lichter nicht zu türkis wirken zu lassen. Da mir das ursprüngliche Gelb nicht gefiel, habe ich bei diesem Bild mit der Rose auf blauem Tisch zum Beispiel das Gelb angepasst, um einen senfgelben Farbton zu erhalten. In solchen Fällen hat man mehr Spielraum für die Farbe – niemand kennt den originalen Gelbton. Anders sieht es aus, wenn es sich um etwas Bekanntes handelt, wie z. B. den Rotton einer Cola-Dose. Mit solchen Elementen muss man so behutsam umgehen wie mit Hauttönen.

Ich mag warme Farben, keines meiner Bilder verfügt über einen kühlen »Sci-Fi-Look«. Wenn weiße Hemden in den Bildern einen Blaustich haben, entsättige ich gerne, da ich diese kühle Farbgebung nicht mag. Falls nötig, ruf dir die Physik des Lichts ins Gedächtnis und die Art, wie die Farbsättigung in den dunklen Bildbereichen abfällt – dazu habe ich mir mal ein Photoshop-Videotutorial angesehen –, und bleibe immer bei einer realistischen Anmutung der Bilder. Überschreitet man bei der Bearbeitung einen gewissen Punkt, muss man unbedingt zurückrudern, da sonst alles unecht wirkt. Denk auch daran, dass Bilder auf dem Bildschirm heller aussehen als im Druck; wer eine gute Druckerei nutzt, sollte Farbprofile in die Druckdaten einbetten. Ich sehe mir die Bilder gern auf dem Handy und mit reduzierter Helligkeit an, bevor ich etwas poste, denn ich bin mir bewusst, dass die meisten Leute weniger helle Handydisplays bevorzugen. Nachdem ich kleinere Anpassungen vorgenommen habe, poste ich die Bilder auf Instagram.

In der Bildbearbeitung bin ich experimentierfreudiger geworden. Die Streetfotografie ist etwas, in das ich zufällig hineingeraten bin, fast willkürlich. Zu dem Zeitpunkt, als ich anfing zu fotografieren, war mir dieser Raum am zugänglichsten und so beschloss ich, mich in ihm zu bewegen und den Regeln zu folgen. Das akzeptable Maß an Nachbearbeitung für Streetfotografie bleibt unscharf umrissen. Es gibt Leute, die eine wirklich surreale, deutlich veränderte Farbpalette verwenden und trotzdem als Streetfotografen gelten. Für mich geht das zu weit. Aber gleichzeitig ringe ich innerlich oft damit und überlege, ob ich für immer Streetfotograf sein will oder lieber einfach Fotograf.

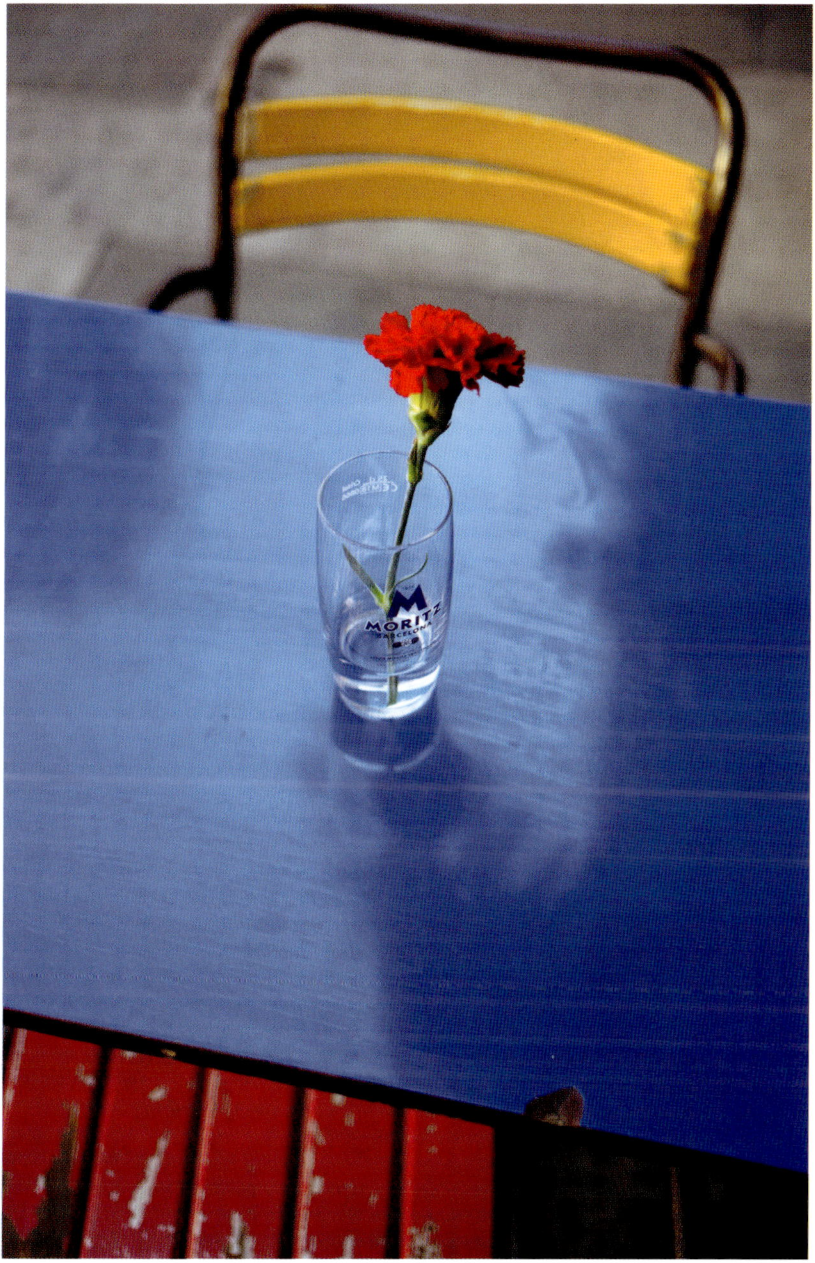

Denk daran, dass Smartphone-Displays hinterleuchtet sind, wenn du farbenfrohe Bilder wie diese bearbeitest. Barcelona, 2019

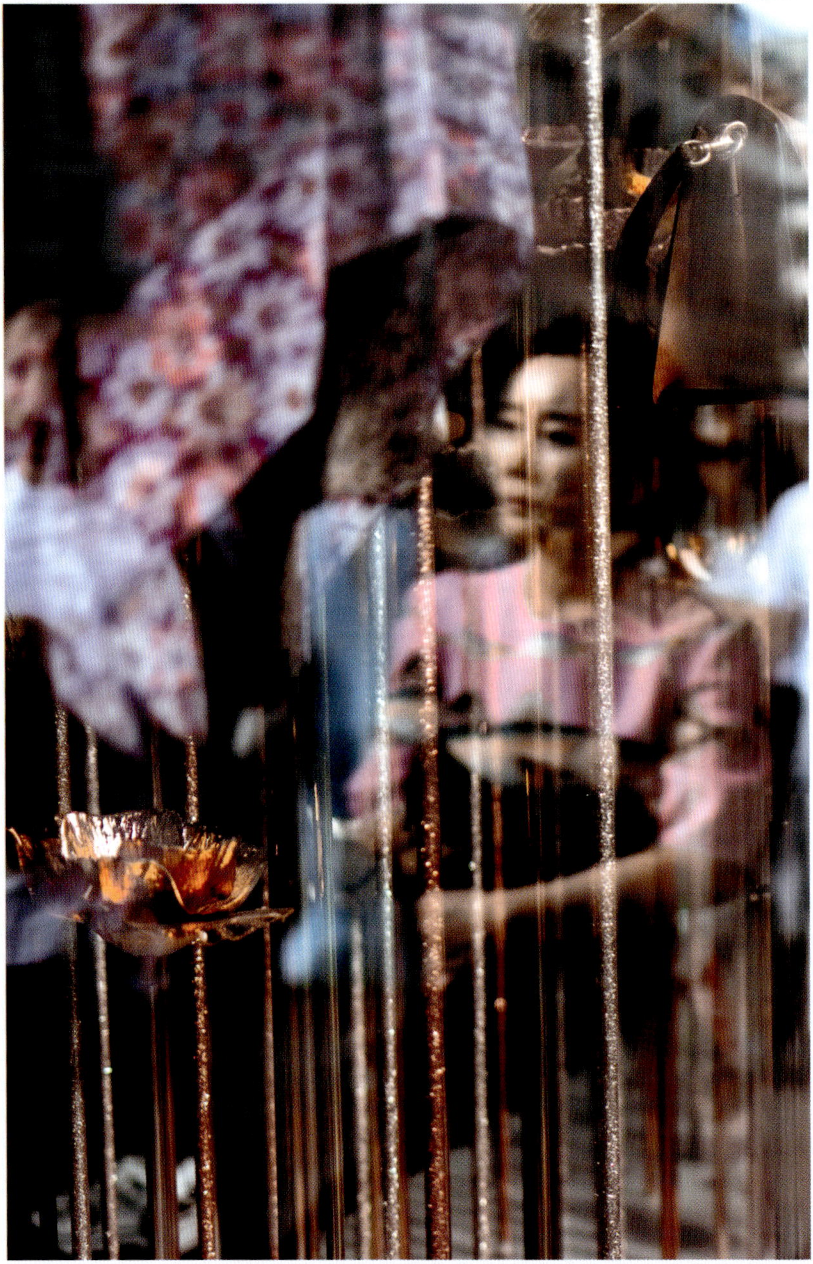

Lass dich vom Erfolg in sozialen Medien nicht davon abhalten, dich weiterzuentwickeln. Wozu sollte er sonst gut sein?
London, 2019

19/

Lass die Insta-Blase platzen

Soziale Medien sind für manche Dinge unverzichtbar – aber verlier dich nicht darin

Ohne Instagram wäre meine Story ganz anders verlaufen. Ich hätte mich nie mit Leuten wie Ted Forbes und Kai Wong getroffen, wäre nie auf Wongs YouTube-Kanal erschienen, hätte keine Skillshare-Kurse gemacht und wäre auch nicht in der Lage gewesen, meine Arbeit in einem Buch mit dem Titel *New York* im Selbstverlag zu veröffentlichen. Es ist aber wichtig, Balance zu schaffen, sein Gleichgewicht zu finden. Soziale Medien können ein Netzwerk schaffen, das dich unterstützt, inspiriert und dir neue Möglichkeiten eröffnet. Du kannst deine Arbeiten einem Publikum von Hunderttausenden von Followern zugänglich machen; das kann dir Profil geben und dich weiterbringen. Allerdings bringt der Erfolg auf Instagram gewisse Erwartungen, Druck und auch Einschränkungen mit sich.

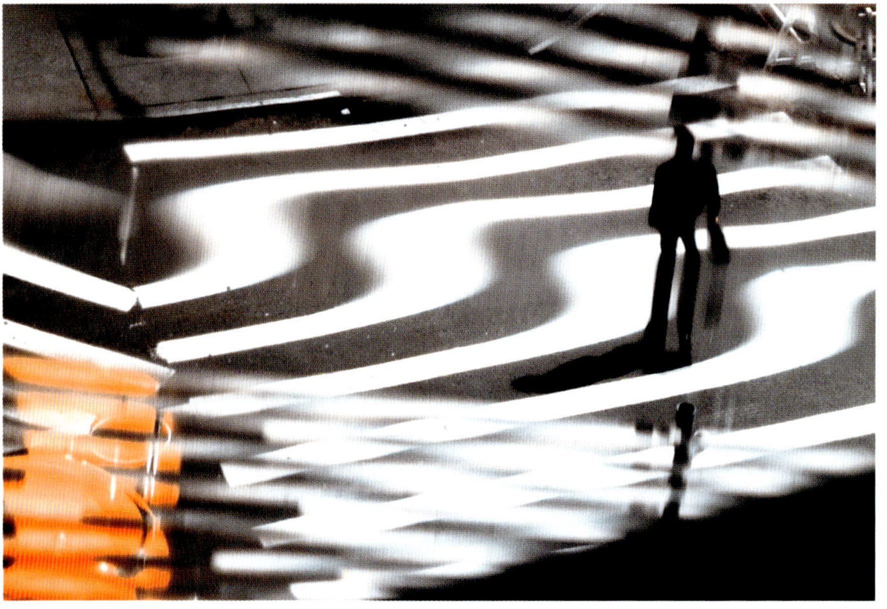

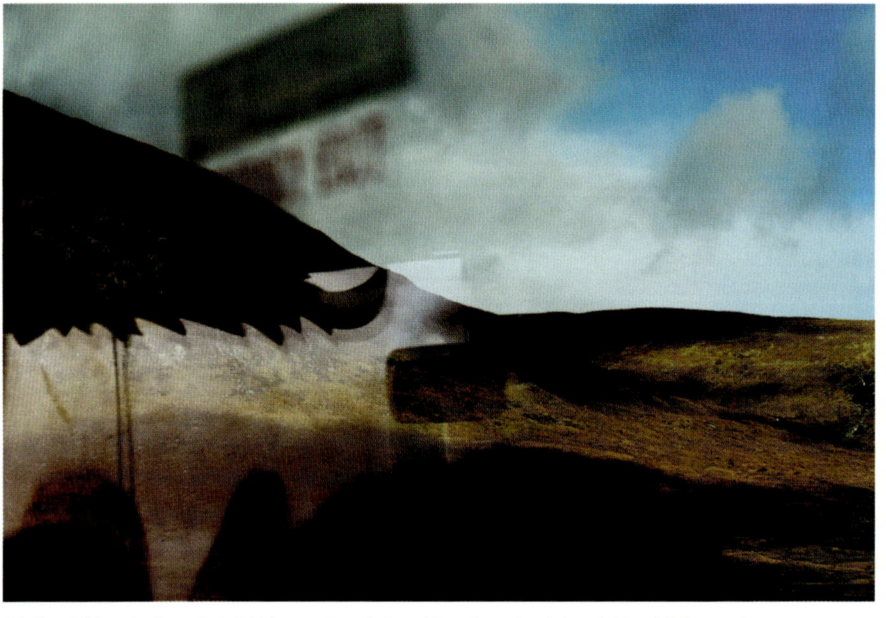

Subtilere Bilder wie diese sind nicht immer ein sofortiger Hit und werden daher nicht so häufig gesehen.
OBEN New York, 2019
UNTEN Schottland, 2022

Ich habe mich erst 2016 bei Instagram angemeldet. Als ich anfing, dort meine Arbeiten zu veröffentlichen, gab es schon eine Menge Accounts, die viel »größer« waren als meiner. Ich bin auch dankbar dafür, dass ich 2016 eingestiegen bin, und habe keine Ahnung, wie man heutzutage erfolgreich einen Account aufbaut. Damals erschien alles chronologisch, was man postete, dieses simple Vorgehen hat mich motiviert. Ich musste einfach jeden Tag neue Bilder posten, die beachtet wurden und Likes bekommen haben, wenn sie gut waren. Wenn man ein Bild zu einer bestimmten Zeit einstellte, wusste man, dass es gesehen werden würde – heutzutage weiß man gar nichts.

Das liegt am sich ständig ändernden Instagram-Algorithmus, der bestimmt, wann und wie Inhalte gesehen werden. Zum Zeitpunkt der Buchredaktion haben Fotografen festgestellt, dass der Algorithmus Reels und Videos gegenüber Fotos bevorzugt. Allerdings möchte ich meine Inhalte nicht auf eine andere Art erstellen müssen und auch kein Videograf werden – so cool diese Arbeit auch sein mag, es ist nicht meine. Stattdessen muss ich versuchen, das vorhandene Material neu zu formatieren. Wer Einzelbilder zu Reels packt, damit spielt oder ein 15-Sekunden-Video von einem Standbild erstellt, kann auch viel Erfolg haben. Im Feed macht das keinen Unterschied.

Postest du ein Einzelbild, wird es zunächst einer kleinen Anzahl deiner Follower gezeigt; erhält es nicht sofort eine positive Reaktion, wird es nicht weiter geteilt. Bilder, die eher ungewöhnlich oder subtil sind, haben im Vergleich zu Publikumslieblingen keine faire Chance. Das wirkt sich zu 100 % auf die Art der Fotos aus, die die Menschen machen und teilen. Wie sollte es auch anders sein? Und das wiederum führt zu einer Art Echokammer, in der jeder auf ähnliche Weise fotografiert. Dem Algorithmus zu dienen, ist eine schwer zu durchbrechende Gewohnheit. Eine Auswirkung davon ist, dass wir alle im Hochformat fotografieren, weil die sozialen Medien das unterstützen, obwohl einige der besten Streetfotografen der ersten Stunde erstaunliche Querformatbilder machten. Erkennt man, was erfolgreich ist, produziert man mehr davon, und die Bilder, die der Algorithmus anzeigt, spiegeln das wider und

»Soziale Medien können ein Netzwerk schaffen, das dich unterstützt, inspiriert, dir neue Möglichkeiten eröffnet.«

verstärken es, vor allem, wenn man einen größeren Account hat. Es dreht sich also im Kreis.

Oft sind die in den sozialen Medien gefeierten Bilder nicht die, die mir am besten gefallen. Ich teile sie aber, weil ich denke, dass sie gut ankommen werden. Eines meiner Bilder zeigt die Londoner Regent Street, mit Gebäuden und einer Silhouette, die sich im Glas spiegeln. In einem meiner Tutorials habe ich daran gezeigt, wie ich eine Szene komponiere, in der ich Stufen an einem Fenstersims ausrichte. Obwohl daran nichts auszusetzen ist, erscheint es mir einfach zu naheliegend. Dieses Bild war in den sozialen Medien zwar sehr beliebt, doch wenn ich meine 20 besten Fotos auswählen sollte, wäre es nicht dabei. Ich finde es wichtig, aus der Social-Media-Blase heraustreten zu können und mich daran zu erinnern, dass ich die Freiheit habe, etwas Krasses zu posten, etwas, das ich wirklich mag. In gewisser Weise ist dieses unberechenbare Arbeiten ein ungeahnter Vorteil gegenüber dem Algorithmus, weil er dann immer feiner abgestimmt wird und nicht nur auf dem Zeitpunkt des Postings basiert; das Wachstum ist also schwieriger zu kontrollieren – was sich befreiend anfühlt. Manche ignorieren den Algorithmus einfach. Man sollte auch bedenken, dass ein Bild, das auf Instagram gut ankommt, nicht immer auch im Druck gut funktioniert. Andersherum kann eine größere, komplexere Szene auf dem Display eines Smartphones verloren wirken. Es gibt Aufnahmen, die ich von Social Media zurückhalte, weil ich weiß, dass sie dort nicht ankommen, aber in einem Buch oder an einer Galeriewand sehr gut aussehen würden.

Es gibt einige Fotografen, deren Arbeit ich sehr schätze – Leute, die Auftragsarbeiten und Editorials für Marken machen, die ich mag –, die aber nicht unbedingt gut in sozialen Medien ankommen, obwohl ihre Bilder unglaublich sind. Es dauert viel länger, sie zu finden, doch wenn ich sie gefunden habe, bin ich total begeistert. Ich warte nicht darauf, dass sie der Algorithmus in meinem Feed anzeigt, sondern schaue mir regelmäßig den Account des Fotografen an. Die »krasseren« Bilder, die ich in letzter Zeit machte, führten zu größeren und besseren Aufträgen, als ich sie in algorithmusfrommen Zeiten hatte. Nur wenn ich gesponserte Sachen produziere, die ohnehin als Reel formatiert werden, bediene ich die Regeln. Ein größerer Account bringt Druck mit sich, hat aber auch den Vorteil, dass ich mich nicht mehr darum kümmern muss, neue Follower zu gewinnen. Ich kann einfach machen, was ich will.

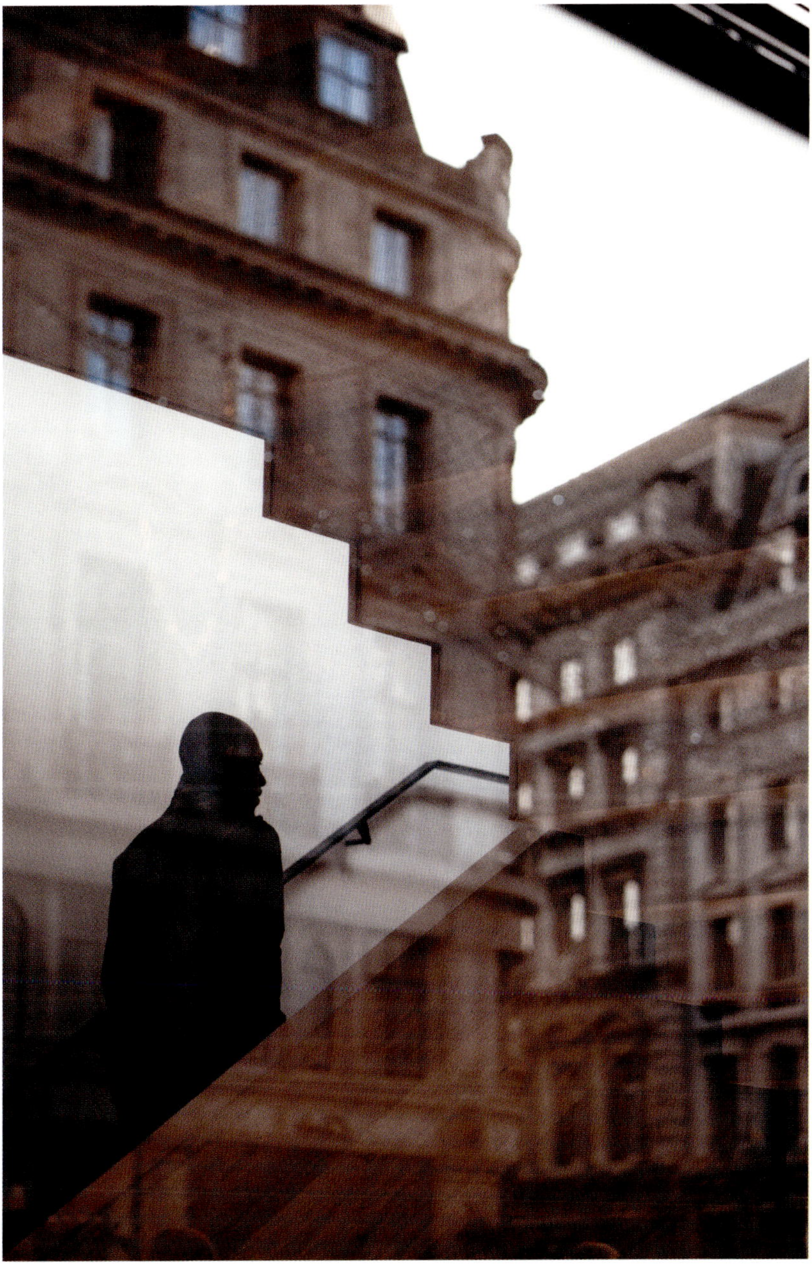

Manche Aufnahmen mache ich, da ich weiß, dass sie zu Publikumslieblingen werden. Es ist jedoch wichtig, ein Gleichgewicht zu finden.
London, 2017

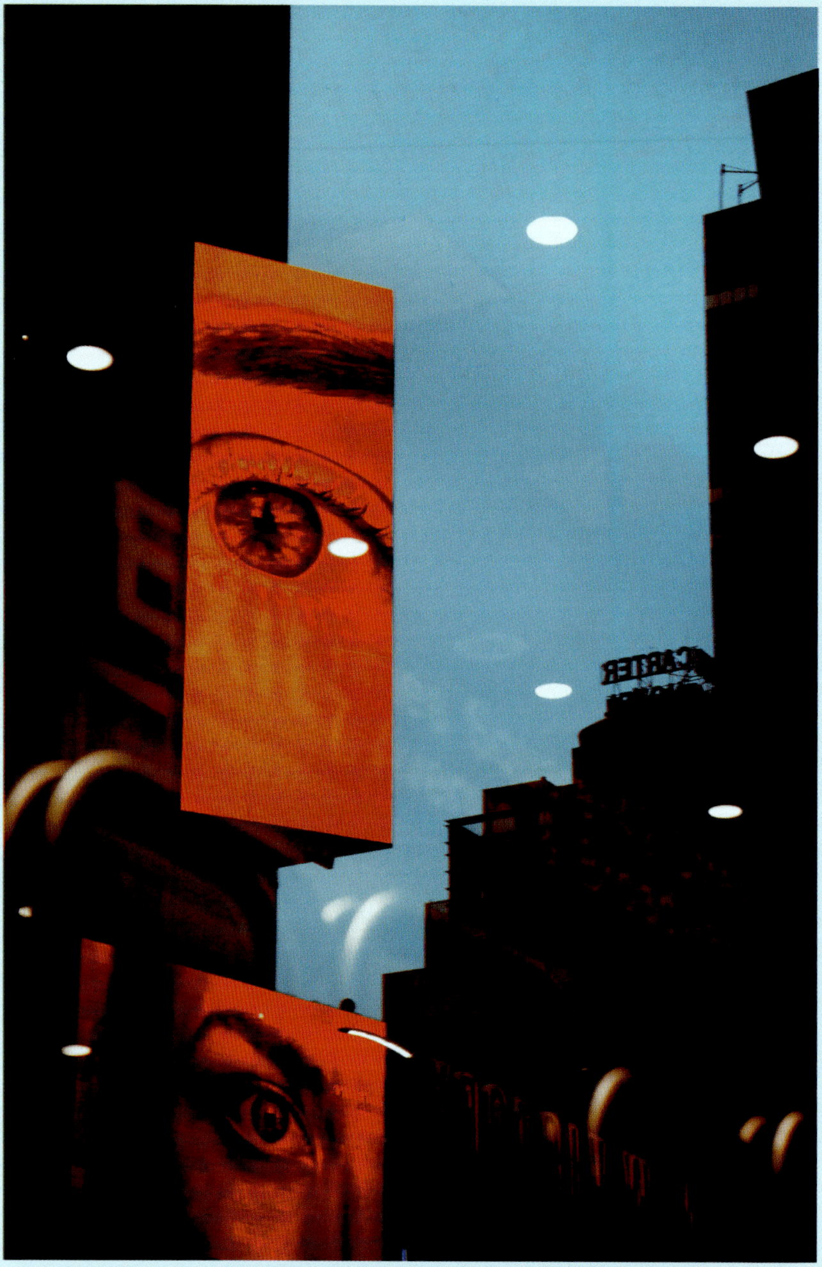

Die malerisch arbeitenden Streetfotografen New Yorks werden mich immer inspirieren. Ich liebe Farbe!
New York, 2022

20/

Bleib neugierig

Halt die Augen offen – du findest überall Inspiration

Jeder Streetfotograf begibt sich auf eine Reise. Meine Reise begann an einem ganz anderen Ort als dem heutigen. Damals dachte ich, dass ich wüsste, wie Streetfotografie ist: schnell und frontal. Aber das entsprach mir nicht. Erst als ich den malerischen Stil von Saul Leiter und Ernst Haas entdeckte, fühlte ich mich angekommen. Leiter sagte einmal: »Ein Fenster, das mit Regentropfen bedeckt ist, interessiert mich mehr als das Foto einer berühmten Person.« Dem kann ich nur zustimmen.

Farbe ist inzwischen zu einem der Merkmale geworden, für die meine Bilder bekannt sind, was meine Art zu sehen und zu fotografieren prägt. Meiner Meinung nach verleiht ein konsequenter visueller Stil Bildern einen unverwechselbaren Charakter und sorgt dafür, dass Betrachter aufmerksam bleiben. Das hat mich auf gewisse Art sogar auch eingeschränkt. Kürzlich entdeckte ich Fotografen wie Jack Davison, dessen Arbeit ich sehr schätze und der je nach Motiv in Farbe oder Schwarzweiß fotografiert. Ich war schon immer ein Bewunderer von Sebastião Salgados Schwarz-

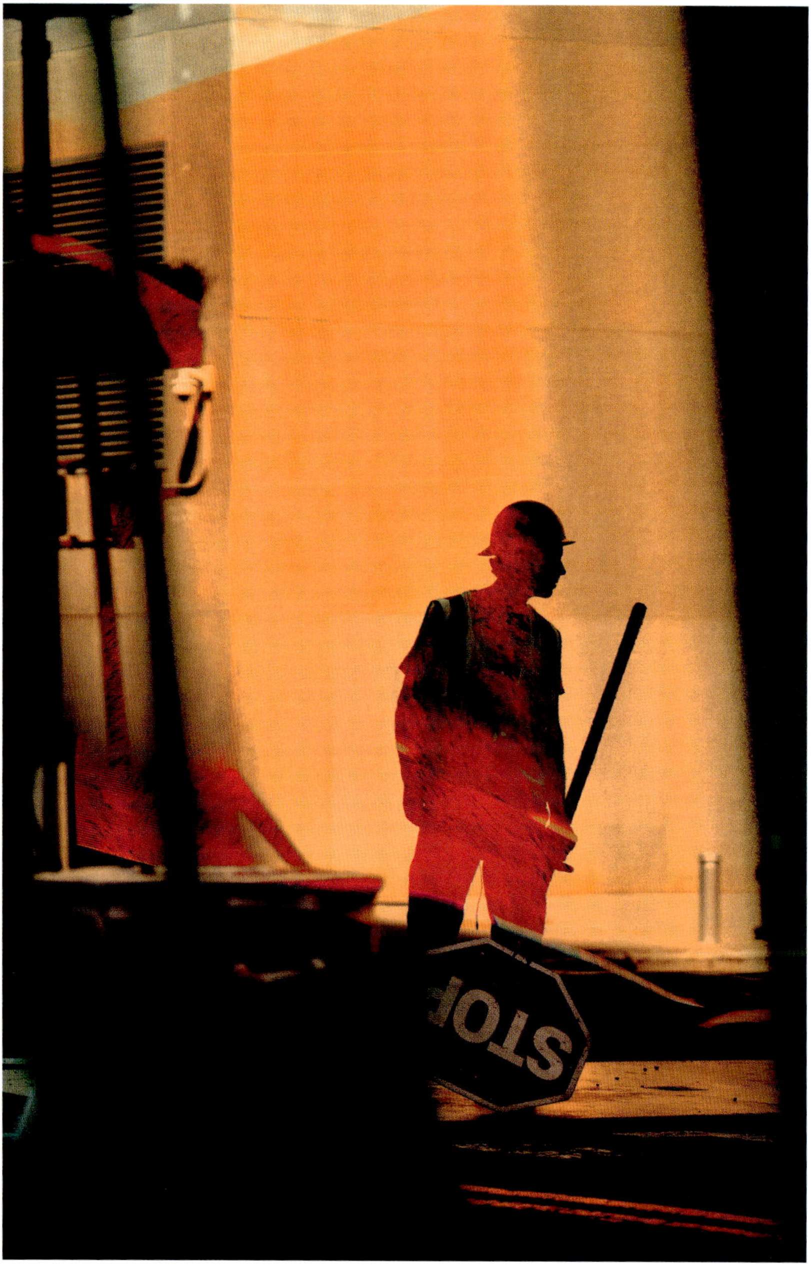

Ich bin für Farbfotos bekannt, aber das hält mich nicht davon ab, auch in Schwarzweiß zu arbeiten.
OBEN New York, 2022
RECHTS Cambridge, 2020

weißaufnahmen, oder von Arnold Newmans und Ralph Gibsons schlichten grafischen Kompositionen. Langsam frage ich mich, warum ich Farbe bevorzuge, ja sogar feiere. Ist das von Bedeutung?

Die Krux der sozialen Medien besteht darin, dass man sich kaum etwas anderes traut, sobald man bekannt geworden und sich »einen Namen« gemacht hat. Mit Blick auf die großen Fotografen der Vergangenheit ist diese Angst aber unbegründet. Harry Gruyaert etwa, ein Magnum-Fotograf, ist für seine Farbdokumentationen in Indien und Nordafrika ebenso bekannt wie für seine Modefotos für Hermès. Diese Arbeiten sind anders als seine Straßenbilder, aber ganz eindeutig seine, da sie sich deutlich vom Stil durchschnittlicher Modefotografen unterscheiden. Wandlung ist also möglich, und solange sie nicht zu abrupt erfolgt, werden Follower mitziehen. In den letzten Monaten habe ich angefangen, weniger typische Aufnahmen zu machen, die man von mir nicht erwarten würde. Darunter befinden sich Kompositbilder oder auch Aufnahmen aus dem täglichen Leben, wie das eines New Yorker Arbeiters, das Licht und Textur einbringt, um ihm eine andere als die von Straßenfotos erwartete Stimmung zu geben. Ich habe sogar Schwarzweißbilder gezeigt, von denen einige ganz anders sind als meine bisherigen Arbeiten – figürlich bis hin zum Porträt – wie dieses Bild eines Mannes, dessen linkes Auge von einem Lichtpunkt verdeckt ist.

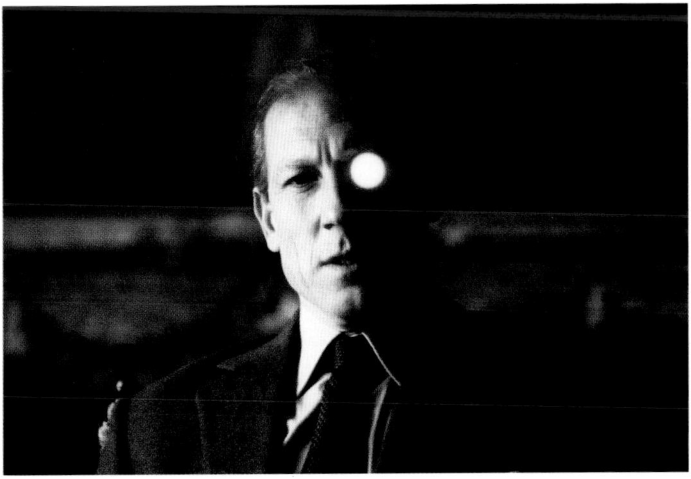

Meine Arbeiten werden zunehmend experimenteller. Ich lasse mir mehr Freiheiten, auch wenn das streng genommen nicht mehr als »Streetfotografie« bezeichnet werden kann. Ich betrachte mich als ein Fotograf, der sich derzeit neuen Aufgaben und Herausforderungen stellt. Ich erkunde zum Beispiel, was passiert, wenn ich meine Straßenbilder in Photoshop mit einem Verzerrungseffekt versehe. Oder ich versuche diesen Effekt mit einem Acrylspiegel zu erreichen, den ich vor eines meiner auf dem Laptopbildschirm dargestellten Bilder halte und dessen Spiegelung auf dem Acryl ich neu fotografiere. Diese Effekte manuell und nicht in der Nachbearbeitung zu erstellen, ist für mich als Fotograf reizvoller – für die Betrachter des fertigen Bildes umso herausfordernder und verwirrender.

»Geh nicht auf Nummer sicher, lass dich durch Genres und Regeln nicht einschränken. Experimentiere viel und so lange, bis du etwas wirklich magst.«

Um besser zu werden, muss man Neues ausprobieren und damit rechnen, dass man Qualität einbüßt. Objektivwechsel ändern die Sicht und ein Makroobjektiv auf der Straße zu benutzen, wäre zwar ungewöhnlich, würde aber zu einem kreativen Einsatz zwingen und vielleicht zu etwas wirklich Herausragendem führen. Auch die Durchsicht des eigenen Archivs kann dir ungeahnte Wege eröffnen. Vielleicht spricht dich ein aussortiertes Bild plötzlich an oder dein Blick fällt auf eine Abstraktion, eine Reflexion oder eine Farbe, die du beim ersten Mal übersehen hast. Kehre zu Orten zurück, an denen du schon fotografiert hast, und wende neue Methoden an oder füge zusätzliche Ebenen der Verzerrung hinzu und schau, wie sich die Dinge verändern. Gestalte die Verfahren immer komplexer. Suche in Secondhand-Läden nach alten Glasaschenbechern mit bizarren Formen, durch die du hindurchfotografieren kannst – es gibt unzählige Möglichkeiten.

Oft versuche ich, das Set-up von anderen nachzubauen, und stoße dabei auf neue Herangehensweisen. Inspiration kann von überallher kommen, sogar von außerhalb der Fotografie. Mich inspiriert die Arbeit des Illustrators David Foldvari. Ich hatte gehört, dass die Textur in seinen frühen Bildern durch das Fotokopieren seiner Zeichnungen entstand. Wer in der Schule schon einmal einen Test bekommen hat, auf dem eine farbige Grafik zu sehen war,

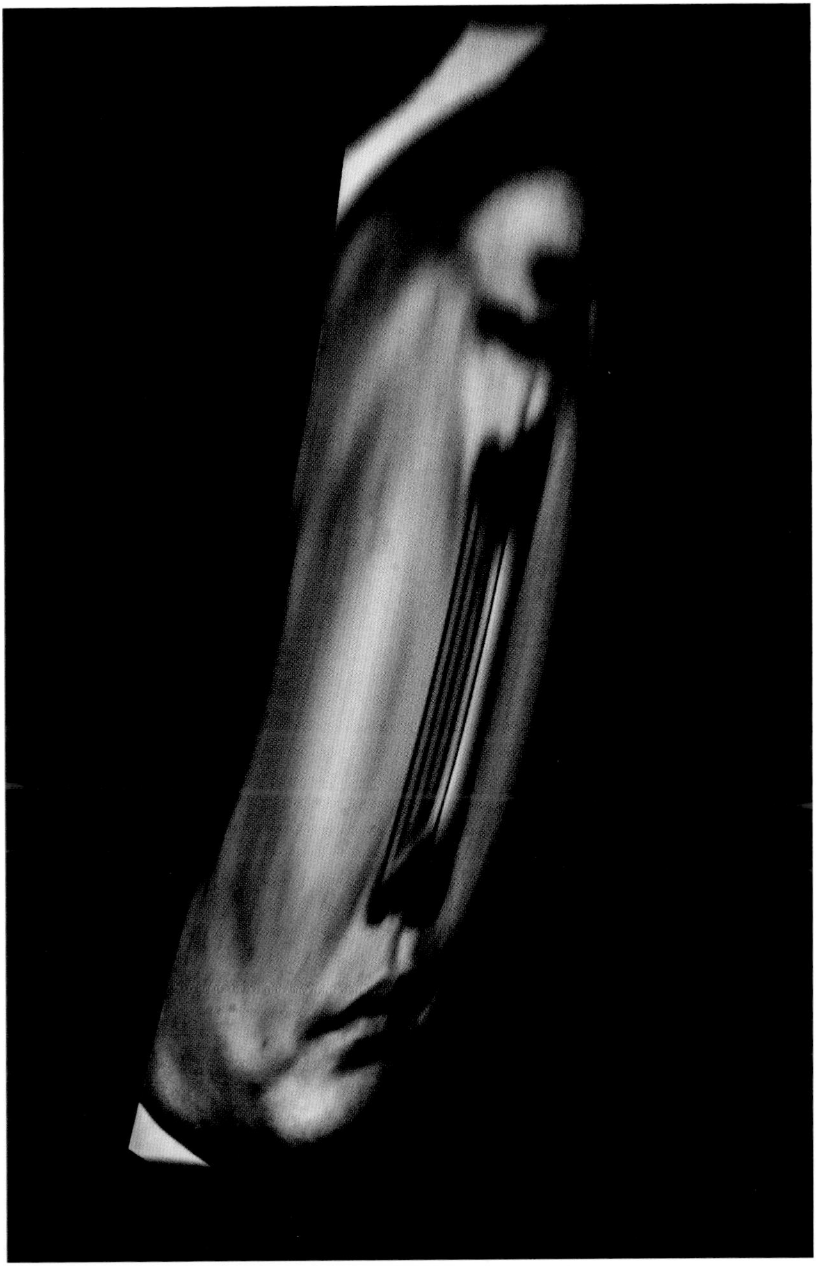

Probiere immer wieder neue Dinge aus. Dieses Bild ist keines, das man von mir erwarten würde.
Cambridge, 2022

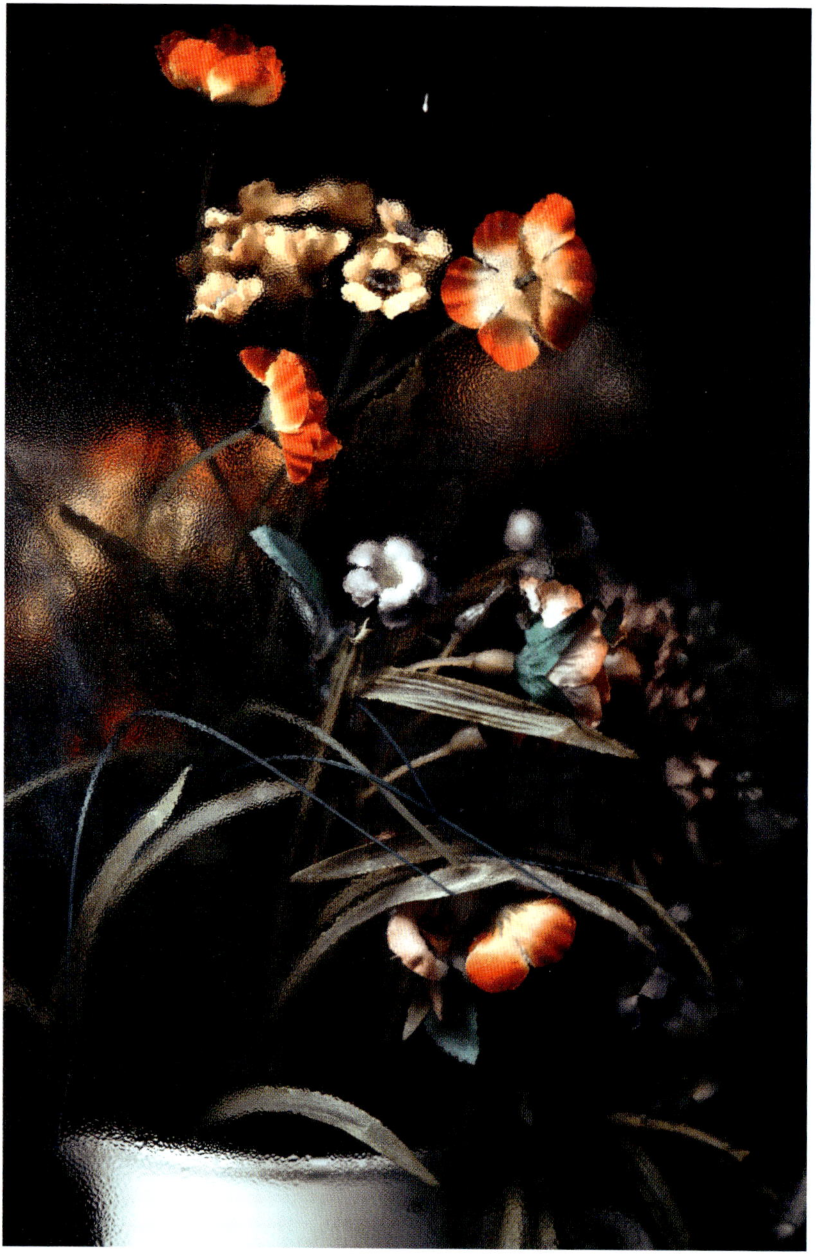

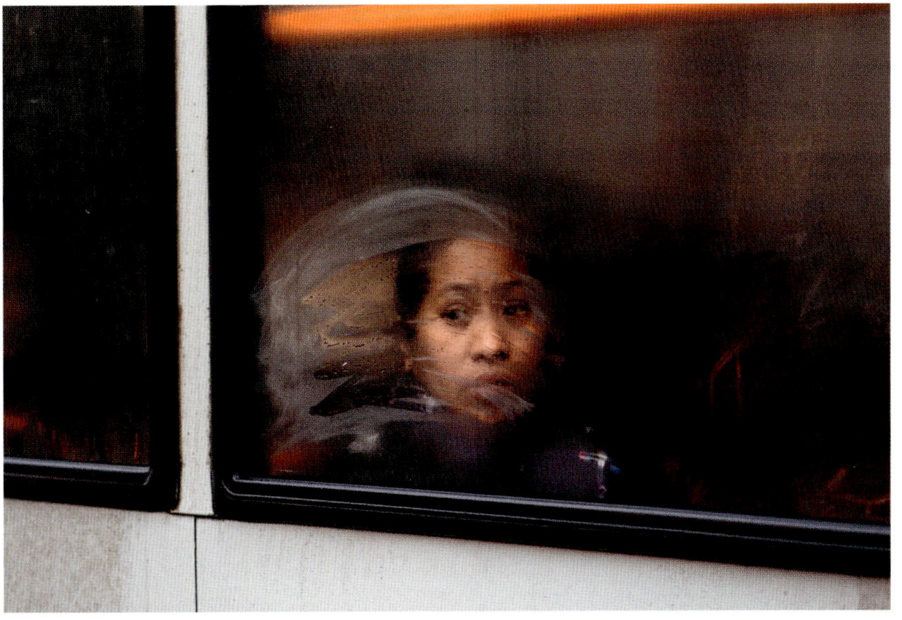

Streetfotografie ist eine Bezeichnung – es ist an dir, sie zu definieren, anstatt dich von ihr definieren zu lassen.

LINKS
Cambridge, 2022

OBEN
Cambridge, 2017

kennt diese Art von Kopie. Das kann man auch digital nachbilden, indem man einen Screenshot macht, ihn als Bild öffnet, noch einen Screenshot davon tätigt, diesen erneut öffnet, abfotografiert und so weiter. Du kannst dir auch anschauen, wie ein Farbbild durchs Fotokopieren in Schwarzweiß verändert wird.

Obwohl ich schon vergleichsweise lange Fotograf bin, fange ich gewissermaßen gerade erst an. Ich bin dankbar für den Erfolg und die Chancen, die sich mir beruflich boten, möchte mich aber nicht darauf ausruhen und auf bisher Getanes beschränken. Geh nicht auf Nummer sicher, lass dich nicht durch Genres, Regeln oder Labels einschränken. Experimentiere viel und so lange, bis du auf etwas stößt, was du wirklich magst – ob das auf der Straße ist oder anderswo. Wenn du dich – so wie ich – mehr von der visuellen Ästhetik als von zufälligen menschlichen Interaktionen leiten lässt, gibt es für deine Abenteuer als Streetfotograf keine Grenzen. Genieß es! Es mag am Ende eines Buches über Streetfotografie seltsam klingen, aber: Du musst kein Streetfotograf sein, sei einfach krass! Finde heraus, wie du Dinge tun kannst, die deine Vorbilder tun – und dann mach etwas, worauf sie nie gekommen wären!

Index

Kursive Seitenzahlen verweisen auf Abbildungen

Die Originalausgabe erschien 2023 unter dem Titel
Find Your Frame. A Street Photography Masterclass
bei Frances Lincoln, einem Imprint der Quarto Group,
One Triptych Place, London, SE1 9SH, UK.

Projektleitung: Sabine Schmid
Übersetzung: Maria Meinel
Lektorat: Franziska Priemer
Satz: Weiß-Freiburg GmbH – Grafik und Buchgestaltung
Covergestaltung: Marie Englert
Herstellung: Luisa Klose

FSC www.fsc.org MIX Papier | Fördert gute Waldnutzung FSC® C016973

Penguin Random House Verlagsgruppe FSC® N001967

Printed in China

ISBN 978-3-7913-8028-5

www.prestel.de